TECHNISCHE ANALYSE

Traden wie ein Profi

Wie Sie mit den Optionsstrategien der Super-Erfolgreichen an der Börse intelligent investieren, höchstprofitabel handeln und Ihr Risiko drastisch minimieren

"Empire of Books" (EoB)

Mit „Empire of Books“ wurde eine Plattform gegründet, dessen oberste Priorität es ist, seine Leser mit spannendem Wissen und bahnbrechenden Erkenntnissen zu versorgen.

Wir stehen für eine unglaubliche Vielfalt an qualitativ hochwertigen Ratgebern, randvoll mit wertvollem Expertenwissen, sowie nützlichen Tipps und Methoden.

Dank unserer jahrelangen Erfahrung im Verlagswesen haben sich die wichtigen Markenzeichen der „Empire of Books“-Bücher herauskristallisiert: fundierter Inhalt und hohe Qualität der Ausstattung, sorgsame Aufbereitung der Informationen mit einfachen Erklärungen und professioneller Gestaltung.

Bei uns bekommen sowohl aufstrebende Autoren, als auch erfahrene Experten eine Plattform bereitgestellt, um Ihr Fachgebiet zu präsentieren.

EoB steht für spannende, informationsreiche Bücher, herausgegeben in enger Kooperation mit erfolgreichen Experten!

Originale Zweitauflage 2021

Independently published | ISBN: 9798563769939

Weitere Informationen über uns und unsere Kooperationen erhalten Sie auf unserer Autorenseite bei Amazon.

Jetzt ganz einfach auf den Link klicken oder den QR-Code per Smartphone scannen. Alternativ können Sie den Link auch bei Ihrem Browser im Tab eingeben.

https://t1p.de/opk4

„Wir freuen uns auf Ihren Besuch"

Über den Autor Robert Andrew Wilson

Robert Andrew Wilson, geboren im Jahr 1965, ist deutschsprachiger Investor mit amerikanischem Hintergrund. Seine Eltern Henry und Mathilda Wilson brachten ihm seit seiner Jugendzeit den Umgang mit Geld und den Handel an der Börse bei. Beides erfolgreiche Investoren und stark vernetzt in der Wallstreet und Banken in mehreren Kontinenten, konnten ihrem Sohn jahrelang ihr fundiertes Wissen mit auf den Weg geben.

In den 20ern wanderte er nach Frankfurt in Deutschland aus, knüpfte erfolgreich Verbindungen zu mehreren Brokern und spekulierte mit seinem starken Know-how an der Börse. Durch dutzende rentable Investitionen und Verkäufe besitzt er nun mehrere Immobilien in und um Frankfurt, sowie ein millionenschweres Portfolio an Wertpapieren und Unternehmensanteilen.

Um den Menschen etwas zurückzugeben, schreibt Robert seit 2019 sein Wissen, seine Strategien, sowie Erkenntnisse in leicht umsetzbare Ratgeber und hofft unter anderem damit seine Mitmenschen in diesen Krisenzeiten unterstützen zu können.

Robert A. Wilson

Weitere Informationen und Bücher von Bestseller-Autor Robert A. Wilson finden Sie auf Amazon.

https://t1p.de/dg8j

INHALT

Worum es in diesem Buch geht

Sie haben sich also dazu entschlossen, an die Börse zu gehen und damit Geld zu verdienen? Diese Entscheidung verlangt zunächst einmal einen gewissen Mut und ein gewisses Selbstvertrauen in Ihre eigenen Fähigkeiten. Gut, dass Sie diese Eigenschaften besitzen, denn in der Tat können Sie an der Börse eine Menge Geld verdienen, wenn Sie es richtig anstellen.

Zunächst ist es wichtig, Ihre Ziele festzulegen. Was wollen Sie mit dem Börsenhandel erreichen? Wollen Sie langfristig und nachhaltig investieren und damit tröpfchenweise kleine Gewinne erzielen oder wollen Sie innerhalb relativ kurzer Zeiträume relativ hohe Gewinne erwirtschaften? Wenn Sie ersteres bevorzugen, dann sollten Sie sich vornehmlich mit ETFs und anderen langfristigen Anlagestrategien beschäftigen, wenn Sie ein wenig mehr ins Risiko gehen, dafür aber auch die Wahrscheinlichkeit satter Gewinne erhöhen wollen, empfiehlt es sich jedoch, sich mit der technischen Analyse, auch Chartanalyse genannt, auseinanderzusetzen.

Die technische Analyse hilft Ihnen, den Zeitpunkt des Einstiegs in einen bestimmten Markt optimal zu timen und so den bestmöglichen Moment für Ihre Investition zu erwischen. Dies ist nicht unerheblich, schließlich kann der Zeitpunkt, an dem Sie mit dem Investieren beginnen, entscheidend darüber sein, wie hoch Ihre Gewinne ausfallen oder ob Sie überhaupt Gewinne erzielen können. Gehen Sie daher nicht unbedacht an die Sache heran, sondern informieren Sie sich vorher ausführlich über die Chancen und Risiken der Märkte, an denen Sie operieren möchten und lernen Sie, die Märkte entsprechend zu beobachten.

Informieren Sie sich im Internet, auf Blogs oder durch Videos, aber seien Sie äußert vorsichtig bei der Auswahl Ihrer Quellen, gerade im

Netz gibt es eine Vielzahl unseriöser Anbieter, von denen Sie besser die Finger lassen sollten. Deshalb rate ich Ihnen, nicht ausschließlich auf die Recherche im Internet zu setzen, sondern sich mit einschlägiger Fachliteratur und Ratgebern auseinanderzusetzen. Einen ersten Ratgeber, der Ihnen die notwendigen Grundlagen anschaulich vermittelt, halten Sie bereits in den Händen.

In diesem Buch möchte ich Ihnen erklären, was es mit der technischen Analyse auf sich hat, wie Sie funktioniert und wie Sie mit ihrer Hilfe an der Börse erfolgreich sein können. Zunächst werden wir die börsenspezifischen Begrifflichkeiten klären, die Sie im Laufe des Buches immer wieder lesen können, damit Sie jederzeit wissen, über welche Sachverhalte wir sprechen.

Im Anschluss daran werden wir uns die Grundlagen der technischen Analyse anschauen und anhand von Beispielen verdeutlichen. Abschließend möchte ich Sie über die Chancen und Risiken dieser Methode aufklären, um am Ende ein Fazit zu ziehen. Keine Angst, auch wenn wir an manchen Stellen um die Theorie nicht herumkommen, so werden jederzeit praktische Beispiele verwendet, um das Beschriebene zu verdeutlichen. Schließlich soll es in diesem Ratgeber in erster Linie um die Praxis gehen.

Da es sehr schwer ist, die Details meiner Grafiken genau zu erkennen, habe ich Ihnen die Bildquellen jeweils unter dem Bild verlinkt. Diesen können Sie ganz einfach in der Adresszeile bei Google eingeben und dann auf Bilder klicken. Dort können Sie dann die Bildgröße nach Belieben einstellen.

Ich möchte mich von vornehinein für diese Unannehmlichkeiten entschuldigen, aber hoffe das ich Ihnen eine gute Lösung bieten konnte.

Ich wünsche Ihnen viel Spaß beim Lesen und viel Erfolg beim Einstieg in die Welt des Börsenhandels.

Haftungsausschluss

Ich möchte gleich zu Beginn unmissverständlich aufzeigen, dass ich es zwar als meine Aufgabe sehe, Ihnen möglichst viele Hinweise, Tipps und Ratschläge mit auf den Weg zu geben, um die Wahrscheinlichkeit eines erfolgreichen Starts ins Börsengeschäft signifikant zu erhöhen, ich jedoch gleichzeitig keine Garantie für Ihr Gelingen aussprechen kann. Es kann bei Börsengeschäften keine einhundertprozentige Garantie für Erfolg geben, letzten Endes vermag es niemand, ausschließlich korrekte Prognosen zu treffen. Es kann also vorkommen, dass Sie, obwohl Sie alle Ratschläge aus diesem Buch berücksichtigen, dann und wann Verluste machen.

Für diese etwaigen Verluste können weder ich persönlich, noch der Verlag die Haftung übernehmen, alles, was ich garantieren kann, ist, dass ich die Informationen in diesem Buch nach bestem Wissen und Gewissen recherchiert und zusammengestellt habe, um sie anschließend möglichst verständlich und übersichtlich aufzubereiten. Dennoch kann es passieren, dass plötzlich ein unerwartetes Ereignis eintritt, das kann ein Flugzeugabsturz ebenso sein wie die Wahl einer neuen Regierung in einem marktrelevanten Staat. Solche Ereignisse können, wenn sie unerwartet geschehen, sämtliche Prognosen über den Haufen werfen.

Bei den Ratschlägen in diesem Buch handelt es sich also um Handlungsempfehlungen und nicht um absolute Wahrheiten. Gäbe es diese im Bereich der Börse und der Finanzmärkte tatsächlich, wäre es schließlich einfach, denn jeder oder jede könnte sich an die eine erfolgreiche Strategie halten und damit reich werden. Letzten Endes würde dieser Gedanke vermutlich dahin führen, dass es überhaupt keine Möglichkeit gäbe, an der Börse Geld zu verdienen, denn es kann nun einmal nicht jeder nur gewinnen. Im besten Falle kommen wir niemals in die

Situation, dass eine Ihrer Anlagestrategien nicht von Erfolg gekrönt wird, dann brauchen Sie dieses kleine Kapitel nie wieder aufzuschlagen.

Ich muss es dennoch an dieser Stelle einfügen, um eventuellen rechtlichen Schwierigkeiten oder Rechtsunsicherheiten direkt vorzubeugen. Doch, wie bereits erwähnt, ist alles in diesem Buch sorgsam recherchiert und nach bestem Wissen aufgearbeitet worden. Im Normalfall sollten Ihnen diese Tipps und Hinweise dabei helfen, Ihr Geld langfristig, sicher und ohne ein zu hohes Risiko zu investieren. Viel Erfolg dabei!

Begriffserklärungen

„Erst dann, wenn der Mensch Begriffe formt,

begreift er sich".

(Antoine de Saint-Exupéry)

Bevor wir in die Materie einsteigen, ist es zunächst unerlässlich, einige wesentliche Begriffe zu klären, von denen Sie möglicherweise schon einmal gehört haben, die Sie jedoch auf Nachfrage nicht definieren könnten. Gerade die Begriffe sind aber zentral, um jederzeit zu verstehen, worüber wir uns hier unterhalten. Daher definiere ich direkt zu Beginn einige der wichtigsten Fachausdrücke, die im weiteren Verlauf des Textes Erwähnung finden werden. Sollten Sie bei der weiteren Lektüre der nun folgenden Kapitel über unbekannte Worte stolpern, schauen Sie doch am besten direkt in diesem Kapitel nach, vielleicht wird der Ausdruck hier erklärt.

- **Aktien:** Den Begriff kennt fast jeder, doch was verbirgt sich genau hinter ihm? Eine Aktie ist ein Wertpapier, das heißt, sie hat einen bestimmten Wert, der in Geld taxiert wird. Die Aktie verbrieft einen Anteil an einer Aktiengesellschaft, also eines Unternehmens, welches an der Börse gehandelt wird (Berwanger, 2018). Der Luftfahrtkonzern Lufthansa zum Beispiel beteiligt Aktionäre an den Gewinnen und auch Verlusten des Konzerns. Wenn Sie eine Aktie der Lufthansa kaufen, erwerben Sie einen kleinen Teil an dem Unternehmen. Nach dem Gesamtwert des Unternehmens richtet sich auch der Wert Ihres Anteils, also der Aktie.

- **Anleger*in**: Sobald Sie eine Aktie oder auch ein anderes Finanzprodukt kaufen, sind Sie ein Anleger oder eine Anlegerin. Sie deponieren Ihr Geld nicht unter dem Kopfkissen, sondern legen es an den Finanzmärkten an, man spricht auch von Investitionen.

• **Broker:** Ein Broker ist ein Finanzdienstleistungsunternehmen und wird im Deutschen auch Börsenmakler genannt. Sie geben bei Ihrem Broker Transaktionen an der Börse in Auftrag, dieser führt Sie in Ihrem Sinne durch. Ein Broker ist also nicht unbedingt eine reale Person, sondern ein Finanzunternehmen. (Heldt, Gabler Wirtschaftslexikon, 2018). Broker arbeiten dabei mit einer speziellen Software, die Ihnen den Handel von Wertpapieren oder auch Kryptowährungen binnen Sekunden ermöglicht.

• **Day-Trader*innen:** Day-Trader*innen kaufen Positionen an der Börse, wie etwa Aktien oder Derivate, und verkaufen diese noch am selben Tag wieder. Sie spekulieren darauf, dass sich die von ihnen erworbene Position innerhalb kürzester Zeit vorteilhaft entwickelt und sie somit Geld verdienen können (siehe auch Long Position und Short Position). Day-Trading ist äußerst spekulativ und daher mit hohem Risiko verbunden.

• **Depot:** Das Wertpapierdepot, auch Wertpapierkonto genannt, ist das Konto, über den Ihre Handlungen abgewickelt werden, das heißt der Kauf und Verkauf von Devisen, Wertpapieren, etc. ... läuft über Ihr Depot. Die Wertpapierbestände werden auf dem Depot verbucht, es handelt sich im Grunde um ein gewöhnliches Konto, ähnlich einem Girokonto, nur, dass anstelle von Geldbeträgen Wertpapiere gebucht und abgebucht werden. Banken erheben üblicherweise Depotgebühren, wohingegen bei den meisten Brokern die Depotführung kostenlos ist (Heldt, Gabler Wirtschaftslexikon, 2018).

• **Derivate**: Ein Derivat ist ein Vertrag, der auf der Grundlage eines Basiswertes geschlossen wird. Entsprechend dem lateinischen Ursprung

des Begriffs wird ein Derivat aus dem Basiswert *abgeleitet*. Basiswerte können beispielsweise auch Aktien sein (Heldt, Gabler Wirtschaftslexikon, 2018). Eine Aktie von Siemens würde in diesem fiktiven Beispiel 100 Euro kosten. Wenn Sie ein Derivat zum Preis von zehn Euro erwerben, bildet dieses den Wert der Aktie ab. Steigt der Wert der Siemens-Aktie auf 110 Euro, steigt der Wert Ihres Derivats ebenfalls um zehn Prozent, also auf elf Euro. Es gibt auch Derivate, die zum Beispiel doppelt so schnell steigen und fallen wie der Basiswert. Solche Derivate bieten höhere Gewinnchancen, aber natürlich auch höhere Verlustrisiken.
• **Devisen:** Devisen sind Ansprüche auf Geldzahlungen in einer fremden Währung. Devisen können zum Beispiel Guthaben bei ausländischen Banken sein. Jede Form von Guthaben in Fremdwährung ist also eine Devise (Geßner, 2018). Der Devisenmarkt gilt als idealer Markt, insbesondere für Einsteiger*innen, da man hier bereits mit kleinen Summen handeln kann und der Markt diverse Möglichkeiten eröffnet.
• **Dividende:** Die Dividende ist ein Teil des Gewinns, den eine Aktien- oder eine Fondsgesellschaft jährlich an alle Anleger*innen ausschüttet. Es handelt sich also um Ihren persönlichen Anteil am Gewinn der Organisation / des Unternehmens, in welches Sie investiert haben (Böcking, 2018).
• **Hebel**: Um die Gewinnspanne zu erhöhen, bedienen sich Trader oftmals sogenannter Hebel. Dies bedeutet, dass Sie sich Geld leihen, zum Beispiel von einem Broker, um damit die Menge ihres Kapitals zu erhöhen. Sie können also zum Beispiel 20 Bitcoins von Ihrem eigenen Kapital kaufen, aber 100 weitere mit dem geliehenen Geld, also „auf Pump“. Somit haben Sie eine höhere Chance auf Gewinne, tragen aber auch ein höheres Risiko, da Sie eventuell geliehenes Geld verlieren (IG.com, 2020).

• **Investmentfonds**: Ein Investmentfonds ist in erster Linie die Ansammlung von Vermögen, das heißt von Geld. Hinter diesen Fonds stehen Kapitalgesellschaften, also Unternehmen. Diese Unternehmen rufen einen Fonds mit einer bestimmten Summe ins Leben, um mit diesem Geld in Aktien, Anleihen, Rohstoffe oder Derivate (*siehe oben*) zu investieren. Manche dieser Fonds sind sogenannte offene Fonds, das heißt jede*r kann sich daran beteiligen. Ein Fonds ist deswegen risikoreicher als eine einzelne Aktie, weil er in mehrere mögliche Anlagen gleichzeitig investiert. Dementsprechend höher ist aber auch die Chance auf hohe Gewinne (FAZ.net-Börsenlexikon, 2020).
• **Kapital**: Ihr Kapital ist, zusammengefasst, alle Mittel, die Ihnen zum Handeln zur Verfügung stehen. Meistens handelt es sich beim Kapital um Geld, aber auch ein Computer oder dessen Software ist eine Form des Kapitals. Kapital ist also alles, was Ihnen für die Durchsetzung Ihrer Ziele zur Verfügung steht (Pfitzer, 2018). Wenn Sie erfolgreich an der Börse handeln möchten, benötigen Sie Kapital in Form von Geld, es ist oftmals auch von Startkapital die Rede. Wenn Sie Erfolg haben und Ihr Geld durch den Börsenhandel vermehren können, erhöht sich Ihr Kapital.
• **Long Position**: (englisch für Langposition). Eine *Long Position* setzt darauf, dass die Kurse eines Wertpapiers steigen. Sie kaufen also eine gewisse Summe an digitalem Geld und hoffen darauf, dass der Wert im Laufe des Tages steigt und Sie somit am Ende des Tages einen Gewinn erzielt haben. Long Positionen sind insbesondere bei privaten Anleger*innen und Trader*innen beliebt, sie sind auch weniger risikoreich als *Short Positionen* (Kaufman, 2003).
• **Short Position**: (englisch für Kurzposition). Wenn Sie auf fallende Kurse einer Aktie oder auch einer Digitalwährung setzen möchten, sollten Sie eine *Short Position* aufbauen. Man spricht auch vom *Short Selling*. Hierbei verkaufen Sie zunächst eine Position, die Sie noch nicht besitzen

zu einem bestimmten Preis. Sie hoffen darauf, dass deren Wert im Laufe des Börsentages sinkt, später kaufen Sie diese Position dann tatsächlich, allerdings ist der Preis nun geringer als der, für den Sie sie zuvor verkauft haben. Es ist also de facto ein Leihgeschäft, man spricht auch von Leerkäufen beziehungsweise Leerverkäufen (Kaufman, 2003). Kurz gesagt: Wenn Sie der Meinung sind, dass der Kurs von Bitcoin in naher Zukunft fallen wird, sollten Sie eine *Short Position* aufbauen.
• **Transaktionen**: Eine Transaktion ist als Transfer von Geld oder von Gütern zu verstehen. Dies meint nichts anderes, als dass zum Beispiel der Verkauf oder der Kauf einer Aktie jeweils eine Transaktion darstellt. Im einen Fall geht Ihre Aktie in den Besitz eines anderen über, der Ihnen dafür eine entsprechende Summe an Geld bezahlt. Im anderen Fall geht eine Aktie vom Besitz eines anderen in Ihren Besitz über, wofür Sie wiederum Geld bezahlen (Peukert, 2018).
• **Trendlinien**: Durch eine grafische Verbindung von Hoch- und Tiefpunkten in einem Chart kann man die Trends einer Kurve bestimmen. Wenn ein Kurs zweifach oder häufiger einem bestimmten Trend folgt, spricht man von einer Trendlinie. Die Einzeichnung der Trendlinien ist ein wichtiges Element der Chartanalyse (FAZ.net, 2020).

Ihr Start an der Börse

„Der Anfang ist die Hälfte des Ganzen"

(Aristoteles)

Die Börse und die Finanzmärkte sind in hoher Regelmäßigkeit Lieferanten für große, oft reißerische Überschriften in Zeitungen, Zeitschriften oder Online-Magazinen. Spätestens seit der Finanzkrise 2008/2009 hat der Ruf der Börse massiv gelitten und die Berichterstattung fällt meist negativ aus. Aufgrund dessen haben viele Menschen Berührungsängste mit den Finanzmärkten und befürchten, sich dabei in zu unsicheres Fahrwasser zu begeben. Doch wie es Vorurteile und Mythen so an sich haben, sind sie – wenn überhaupt – eben nur teilweise wahr. Bevor wir uns also *en detail* mit der technischen Analyse beschäftigen, möchte ich Ihre möglicherweise vorhandenen Bedenken ein wenig zerstreuen und mit drei hartnäckigen Mythen rund um das Thema Börse aufräumen.

DREI MYTHEN RUND UM DIE BÖRSE - WIDERLEGT.

Mythos 1: Börsenhandel lohnt sich nur für Reiche

Ein hartnäckiges Gerücht, das sich wacker hält, allerdings nicht wirklich zutreffend ist, ist, dass Börsenhandel nur etwas für reiche Menschen sei, die sich ohnehin mit ihrem Geld erlauben könnten, was sie wollten. Allein, um die wirklich Gewinn versprechenden Aktien oder Devisen zu kaufen, brauche man eine Unmenge an Geld, so das Klischee. Kleine Anleger*innen, die nur mit wenig Startkapital an die Börse gehen, könnten nur verlieren, im Vergleich zu all den reichen und mächtigen Akteuren.

Die Großen gewinnen, die Kleinen verlieren, so zumindest die Annahme. Doch das stimmt nicht immer, allein durch diese negativen Gedanken bringen sich viele kleine Anleger*innen um ihre Chance, an der Börse Geld zu verdienen.

In der Tat mag es Menschen geben, die aus bloßem Zeitvertreib ihr ohnehin schon vorhandenes Geld an der Börse einsetzen. Und natürlich ist die Wahrscheinlichkeit, hohe Gewinne zu erzielen, umso höher, je mehr Geld man investiert. Doch es ist definitiv falsch, dass man als Kleinanleger*in an der Börse keine Chance hätte. Es gibt Finanzprodukte, die schon mit geringem Kapitalaufwand finanziert werden können, nicht alle Aktien sind so teuer wie die der DAX-Unternehmen. Es gibt kleine, börsennotierte Unternehmen, die weniger bekannt sind, dafür aber über ein großes Wachstumspotenzial verfügen und daher gute Gewinne für eine kleine Investition versprechen. Lassen Sie sich also nichts einreden! Auch mit einem kleinen Startkapital können Sie an der Börse erfolgreich sein.

Mythos 2: Börsenhandel ist wie Glücksspiel im Casino

Die Börse ist nur etwas für Zocker, heißt es dann oft, wenn dieser bekannte Börsenmythos zitiert wird. *Da geht es doch zu wie im Casino.* In der Tat gibt es etliche Filme, Dokumentationen oder Zeitungsberichte, die uns die Auswüchse des Casino-Kapitalismus vor Augen führen, die uns vor den Risiken der Zockerei an der Börse eindringlich warnen. Zur Wahrheit gehört: Sie tun es nicht zu Unrecht.

Die Börse bietet Möglichkeiten, um hemmungslos mit für Kleinanleger*innen unfassbaren Summen zu spekulieren. Doch oftmals sind gerade diese Menschen ahnungslos, was die eigentlichen Zusammenhänge der Finanzwelt anbelangt, sie suchen das Adrenalin, die Aufregung, es geht ihnen nicht darum, eine seriöse, anständige Rendite zu erwirtschaften. Tatsächlich versuchen wir mit den Mitteln der technischen Analyse unser Risiko zu minimieren und somit eben nicht wild zu spekulieren, sondern den bestmöglichen Zeitpunkt zum Einstieg in den Markt ausfindig zu machen. Natürlich können Sie an der Börse unseriöse und hochspekulative Geschäfte tätigen und in manchen Sparten mag es dort durchaus manchmal zugehen wie in einem Spielcasino, doch diese Sparten müssen uns schließlich nicht tangieren. Alles in allem bietet die Börse zahlreiche Möglichkeiten, sein Geld auf seriösem und relativ sicherem Weg anzulegen.

Mythos 3: Um an der Börse erfolgreich zu sein, braucht man jahrelange Erfahrung

Dieser Mythos hält sich vermutlich am härtesten von allen gängigen Vorurteilen über die Börse. Ohne ein BWL- oder VWL-Studium oder Studium der Wirtschaftswissenschaften brauche man an der Börse überhaupt nicht anzufangen, schließlich müsse man alle komplexen wirtschaftlichen Zusammenhänge begreifen, um Börsengeschäfte erfolgreich abwickeln zu können. Die ersten Erfolge stellten sich dann nach jahrelanger Erfahrung irgendwann ein. So in etwa kann man den Mythos zusammenfassen.

Allerdings stimmt auch dieses Vorurteil nicht. Selbst absolute Profis an der Börse haben irgendwann einmal angefangen und nicht alle von ihnen hatten bereits Erfahrung, geschweige denn ein finanzwirtschaftliches Studium abgeschlossen. Jeder fängt einmal klein an, wichtig ist es, sich zuvor ausführlich mit dem Thema Börse und den richtigen Investitionsstrategien auseinanderzusetzen. Ohne jegliches Wissen sollten Sie tatsächlich nicht damit beginnen, Ihr Geld an der Börse zu investieren, die Erfahrung stellt sich mit der Zeit aber von allein an, machen Sie sich diesbezüglich keine Gedanken. Wichtig ist, dass Sie den Mut aufbringen, sich an die Börse zu wagen.

Fazit

Wie Sie sehen, sind die gängigsten Mythen, die sich rund um den Börsenhandel ranken, nicht unbedingt zutreffend. Wichtig ist, dass Sie sich im Vorfeld gut informieren und sich anschließend trauen, mit dem Investieren zu beginnen. Setzen Sie dabei niemals zu viel Geld ein, es sollten keine Summen sein, die Ihnen wirklich wehtun, sollten Sie sie verlieren.

Sie können also ohne Bedenken Geld an der Börse investieren. Bevor Sie jedoch damit beginnen, tatsächlich Transaktionen durchzuführen, sollten einige Grundvoraussetzungen geschaffen werden. Nehmen wir an, Sie wollen Brot backen. Sie haben sich intensiv darüber informiert, wie man am besten Brot backt und sind motiviert bis unter die Haarspitzen. Das sind gute Voraussetzungen, doch wenn Sie kein Mehl und keine Hefe im Haus haben, können Sie mit dem Backen nicht anfangen. Beim Investieren an der Börse verhält es sich ähnlich, Sie brauchen eine gewisse Grundausstattung, um erfolgreich starten zu können.

WAS SIE ZUM START IN DEN BÖRSENHANDEL BENÖTIGEN

Startkapital

Ohne Startkapital können Sie nicht zu investieren anfangen; das Startkapital ist die Summe an Geld, mit der Sie Ihr Depot bei einem Broker eröffnen. Rein rechtlich gesehen müssen Sie kein Mindestkapital aufwenden, um ein Depot zu eröffnen. In der Praxis empfiehlt es sich jedoch, eine gewisse Summe an Startkapital zu hinterlegen, um an der Börse bestehen zu können.

Denn ohne Geld können Sie logischerweise nicht in den Börsenhandel einsteigen. In jedem Fall sollte genügend Startkapital vorhanden sein, um sinnvolle Transaktionen an der Börse durchführen zu können. Wichtig ist, dass Sie niemals Ihr gesamtes Geld als Startkapital einsetzen sollten. Schließlich brauchen Sie vermutlich auch in Ihrem Alltag zumindest ein bisschen Geld, um Lebensmittel einzukaufen, die Miete zu bezahlen oder mit Ihren Freunden und Freundinnen auszugehen.

Bilden Sie also zunächst ausreichende Rücklagen, bevor Sie mit dem Investieren beginnen. Je nachdem, wie viel Geld Ihnen zur Verfügung steht, sollten Sie nicht mehr als die Hälfte Ihrer Rücklagen für den Börsenhandel verwenden. Sollten Sie unerwartet einmal mehr Geld übrig haben als geplant, so können Sie diesen Betrag natürlich auch vollständig investieren. Vorausgesetzt, auf Ihrem Tagesgeldkonto liegen genügend Reserven.

Die Faustformel, die für Anleger*innen jeden Alters gilt, ist: Setzen Sie niemals Geld an der Börse ein, dass Sie in den nächsten fünf bis zehn Jahren sicher brauchen werden. Wenn Sie sich an diesen Grundsatz halten, können Sie ziemlich sicher sein, dass Sie in der näheren Zukunft nicht in eine finanzielle Schieflage geraten werden. Und das muss auch jederzeit Ihr Ziel sein. Schließlich wollen Sie mit dem Börsenhandel Geld verdienen und nicht Ihr mühsam erspartes Kapital aufs Spiel setzen.

Die Auswahl des richtigen Brokers

Ein Broker führt in Ihrem Namen Transaktionen an der Börse durch, das heißt, er arbeitet mit Ihrem Geld (*siehe Begriffserklärungen*). Sie sollten daher darauf achten, dass Sie einen vertrauenswürdigen Broker auswählen, der mit seinen Dienstleistungen und seiner Software optimal zu Ihren Vorstellungen passt. Durch die hohe Anzahl von Anbietern auf dem Markt müssen Sie vorsichtig sein und auf die Auswahl eines seriösen Brokers achten. Auf Internetbewertungen können Sie sich dabei kaum verlassen, diese sind oft sehr widersprüchlich und Interessen-getrieben. Es gibt jedoch eindeutige Merkmale, anhand derer Sie seriöse Anbieter erkennen können. Ein seriöser Broker wird über die zuständigen Behörden der Finanzaufsicht reguliert. Diese Regulierung ist entscheidend für die Sicherheit Ihrer Einlagen. Falls der Broker bankrottgehen sollte, ist Ihr Depot über die staatliche Einlagensicherung dennoch abgesichert, Sie verlieren also Ihr Kapital nicht, einem staatlich beaufsichtigten Broker können Sie somit problemlos vertrauen. Wenn Sie ausschließlich auf dem deutschen Aktienmarkt tätig werden wollen, können Sie sich bei der Bundesanstalt für Finanzdienstleistungsaufsicht (BaFin) über die Regulierung des Brokers erkundigen. Wenn Sie mit Devisen und ausländischen Optionen handeln, sind die zuständigen Kontoanbieter meist Broker aus dem Ausland. Informieren Sie sich bei den zuständigen ausländischen Behörden über die Regulierung des Brokers; für europäische Staaten ist die Financial Services Authority (FSA) die zuständige Aufsichts- und Kontrollbehörde (forexbroker24.com, 2019).

Als besonders streng gilt die britische Aufsichtsbehörde FCA (kurz für Financial Conduct Authority), ein Broker mit einer Zertifizierung der FCA ist als besonders vertrauenswürdig anzusehen. Die FCA ist zuständig für Broker, die ihren Hauptsitz im Vereinigten Königreich haben, in aller Regel ist der Firmensitz in London, einem der größten und wichtigsten Finanzplätze der Welt (Financial Conduct Authority, 2016).

Seriöse Broker teilen Ihnen von Anfang an offen mit, dass Gebühren für Ihre Transaktionen anfallen. Gebührenfreie Anbieter gibt es nicht, Sie sollten also skeptisch werden, wenn Ihr Broker Sie nicht über anfallende Kosten informiert. Achten Sie auf versteckte Kosten und Gebühren und schauen Sie daher regelmäßig ins Preisverzeichnis und überprüfen Sie, ob die Kosten, die Ihr Broker Ihnen berechnet, angemessen sind. Seriöse Broker sollten beispielsweise keine Depotführungskosten von Ihnen verlangen. Die meisten Broker sind sogenannte Retail-Broker. Sie führen Handelskonten mit einer geringen Mindesteinlage. Diese Broker kommen für Sie am ehesten infrage, es sei denn, Sie verfügen über eine sehr hohe Summe an Kapital, mit dem Sie handeln wollen. In diesem Fall sollten Sie sich an ECN-Broker wenden. Einige Broker bieten auch beide

Kontotypen an, was den Vorteil hat, dass Sie gegebenenfalls den Kontotyp wechseln, Ihren Broker aber behalten können (forexbroker24.com, 2019). Manche Broker verlangen zusätzliche, teils recht hohe Gebühren für die Ausschüttung von Auslandsdividenden. Informieren Sie sich also im Vorfeld darüber, falls Sie eine Strategie mit ausländischen Dividenden verfolgen.

Falls es Ihnen wichtig ist, zusätzlich zum operativen Geschäft Beratungen und Serviceleistungen zu erhalten, sollten Sie sich auch darüber informieren, wie die Erreichbarkeit eines Brokers ist und welche Services grundsätzlich angeboten werden. Einen guten und anschaulichen Vergleich verschiedener Broker, der auch für Anfänger*innen auf diesem Sektor gut verständlich ist, finden Sie auf YouTube auf dem Kanal *Finanzfluss*.

Diese Anforderungen erfüllen nicht alle Broker vollumfänglich. Einige Anbieter, die diesen hohen Standards genügen, sind unter anderem GKFX, die auch ein Büro in Frankfurt am Main haben, man kann also tatsächlich vor Ort sein Konto eröffnen. Außerdem wird man umfassend über die Risiken des Tradings informiert. GKFX ist von den deutschen und europäischen Behörden und auch von der FCA zertifiziert (GKFX, 2019).

Hinweis: Für diese Empfehlung erhalte ich kein Geld oder keine Provision des Unternehmens, die Empfehlung basiert rein auf sachlichen Betrachtungen der verschiedenen Dienstleister. Informieren Sie sich gern selbst, die Wahl Ihres Brokers steht Ihnen völlig frei. Setzen Sie sich mit den verschiedenen Dienstleistern auseinander und treffen Sie die für Sie beste Wahl.

Checkliste für die Wahl des richtigen Brokers:

- ❒ Ist er über die Finanzaufsicht reguliert?
- ❒ Hat er seinen Sitz in einem europäischen Staat?
- ❒ Informiert er transparent und ehrlich über anfallende Kosten?
- ❒ Sind die im Preisverzeichnis aufgeführten Kosten angemessen? (Unbedingt vergleichen!)
- ❒ Erhebt er ausschließlich sinnvolle Kosten und Gebühren?
- ❒ Bietet der Broker die für mich passenden Produkte an?
- ❒ Ist der Service gut? Kann man die zuständige Firma bei Fragen schnell erreichen?

Wenn ein Broker all diese Voraussetzungen erfüllt, können Sie sich ziemlich sicher sein, einen seriösen und für Ihre Bedürfnisse passenden Anbieter gefunden zu haben.

Wechsel des Brokers

Vielleicht stellt sich nach einiger Zeit heraus, dass Sie trotz gewissenhafter Prüfung dieser Kriterien den falschen Broker gewählt haben oder Sie haben den Fehler gemacht und bereits einen Broker ausgewählt, bevor Sie dieses Buch gelesen haben. Das ist ärgerlich, aber kein Grund zur Sorge. Ihre Entscheidung ist nicht in Stein gemeißelt. Mittlerweile ist es nämlich sogar relativ einfach, den Broker zu wechseln.

Im Normalfall bietet jeder Broker ein vorgefertigtes Formular an, mit dem der Wechsel innerhalb kurzer Zeit vollzogen werden kann. Es findet ein Depotübertrag statt, das bedeutet, dass Ihr Depot nicht aufgelöst, sondern direkt an den neuen Broker übertragen wird. Insbesondere beim Wechsel zu einem inländischen Broker tauchen dabei keinerlei Probleme auf. Wenn Sie also von einem Broker mit Sitz in Deutschland zu einem anderen Broker mit Sitz in Deutschland wechseln, kann Ihnen im Grunde nichts passieren.

Bei einem Wechsel zu einem ausländischen Broker müssen Sie ein wenig vorsichtiger sein. Dort kann es unter Umständen Schwierigkeiten bei der Übertragung des Depots geben, weil die Datenübermittlung im Gegensatz zu einem innerdeutschen Wechsel nicht automatisiert abläuft. Achten Sie also darauf, dass Sie gegebenenfalls einen Antrag stellen müssen.

Technische Ausstattung

Sie brauchen auf alle Fälle eine gute technische Ausrüstung und eine schnelle Internetverbindung. Kurse schwanken teilweise minütlich, es kann also sein, dass Sie eine für Sie relevante Kursschwankung verpassen, wenn Ihr Computer nicht schnell genug ist und Sie sich deswegen einen Gewinn entgehen lassen oder sogar Verluste erleiden. Das sollte Ihnen auf keinen Fall passieren. Ohne eine entsprechende technische Ausrüstung sollten Sie also nicht mit dem Trading beginnen. Auch ist eine zuverlässige und schnelle Software vonnöten. Meist bekommen Sie diese über Ihren Broker zur Verfügung gestellt.

Eine nahezu perfekte Synchronisation Ihrer Software mit den Börsenkursen ist unerlässlich, insbesondere beim Derivatehandel. Dort wird meist in Echtzeit auf die Kursverläufe gewettet, Sie müssen also nahezu sekündlich reagieren können. Aufgrund der oben bereits beschriebenen Risiken empfehle ich Ihnen, zunächst einmal zu üben, bevor Sie sich auf das tatsächliche Börsenparkett wagen.

Die meisten Broker bieten dabei als Dienstleistung ein kostenloses Demonstrationskonto an, an dem Sie üben und somit die Abläufe des Tradings besser verstehen können. Sie lernen auf der einen Seite, wie die Transaktionen rein technisch funktionieren, haben aber auch die Möglichkeit, sich in verschiedene Märkte einzulesen, um Gewinnchancen und Verlustrisiken ausloten zu können.

Es ist unerlässlich, dass Sie sich mit den verschiedenen

Handelsarten auskennen, also Devisenhandel, Aktienhandel, etc. ... und sich damit vertraut machen, wie Ihre Software oder Ihre App in den jeweiligen Handelskategorien genau funktioniert (Wallstreet Online). Ihre technischen Hilfsmittel sind im Grunde mehr als nur das, sie sind Ihre Überlebensgrundlage auf einem Markt mit zahlreichen Mitbewerber*innen. Da die Apps oder die Software in der Regel über Ihren Broker laufen, informieren Sie sich notfalls bei ihm und stellen Sie, wenn nötig, Verständnisfragen. Auch deshalb ist die Wahl des Brokers entscheidend, recherchieren Sie im Vorfeld, wie gut das Serviceangebot des Brokers ist, damit Sie ihn zur Not direkt und unkompliziert mit Ihren Fragen erreichen können. Die oben bereits erwähnte GKFX zum Beispiel bietet einen 24-Stunden-Service, Sie können sich dort jederzeit telefonisch melden.

Was bedeutet technische Analyse?

„Ich möchte gerne im Dunkel des Nicht-Analysiert-Seins verbleiben.“

(Albert Einstein)

Schauen wir uns zunächst einmal an, was mit dem Begriff der technischen Analyse genau gemeint ist, wo er ursprünglich herkommt und welche Annahmen ihm zugrunde liegen. Im Anschluss daran widmen wir uns im nächsten Kapitel der Funktionsweise der technischen Analyse.

DIE DOW-THEORIE

Mittlerweile ist die Technik der Chartanalyse, wie der gesamte Börsenhandel, weitestgehend digitalisiert. Beinahe sämtliche Broker bieten Analysetools und Software an, mit deren Hilfe Sie Charts *en masse* analysieren können. Doch die theoretische Grundlage, welche der Idee der technischen Analyse zugrunde liegt, stammt noch aus der vor-digitalen Zeit. Es handelt sich um die Theorie über die Bewegung der Finanzmärkte von Charles Dow. Dessen Erkenntnisse werden heute oft zusammenfassend als Dow-Theorie bezeichnet.

Im Wesentlichen beschreibt Dow in seinen Überlegungen drei grundsätzliche Trends.

Erstens gebe es einen Primärtrend. Er habe die größte Bedeutung, denn er zeige an, ob sich ein Kurs grundsätzlich nach oben oder nach unten entwickelt. Innerhalb dieses Primärtrends könne es jedoch einzelne Ausschläge geben, die dem Trend entgegenlaufen. Stellen wir uns also eine Aktie vor, deren Wert im Laufe eines Jahres steigt.

Wir können von Januar bis Dezember einen klaren Primärtrend feststellen: Der Kurs steigt! Im Monat Juli allerdings fällt der Kurs der Aktie kurzzeitig, da ein Zulieferer des entsprechenden Unternehmens in Schwierigkeiten gerät und die Lage des Unternehmens unsicher erscheint. Als die Aktionär*innen jedoch erkennen, dass es dem eigentlichen Unternehmen weiterhin gut geht, steigt der Kurs wieder, der Primärtrend bleibt erhalten.

Zweitens gebe es sogenannte Sekundärtrends. Diese stellten Korrekturen des Primärtrends dar und könnten mehrere Wochen bis Monate andauern. Sie verlaufen entgegengesetzt zum Primärtrend und seien stärker und nachhaltiger als kurzfristige Schwankungen.

Drittens gebe es sogenannte Tertiärtrends, die als minimale Kursschwankungen beschrieben werden und laut Dow vernachlässigt werden könnten (Gall, Dow-Theorie: Chartanalyse und ihre Anfänge, 2017).

Der Trend und das Meer.

Für Dow glichen die Trends in einem Chartverlauf der Bewegung des Meeres. Diese Metapher hilft, das Prinzip besser zu verstehen. Der Primärtrend entspricht den Gezeiten: Ebbe und Flut, also ob es grundsätzlich nach oben oder nach unten geht. Der sekundäre Trend ist wie eine Welle, der tertiäre Trend repräsentiert kleinste Veränderungen innerhalb einer Welle.

Diese Grafik veranschaulicht den Blickwinkel der Dow-Theorie auf ein Chart.

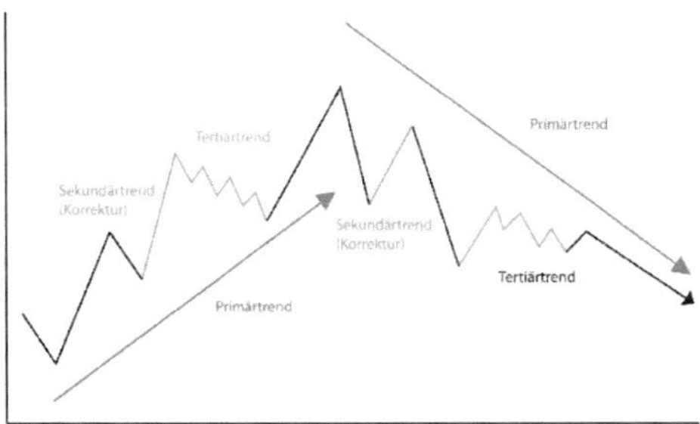

Abbildung 1 Trendbestimmungen im Chart nach der Dow-Theorie (nach testsieger-konto.de/depotkonto/strategien/dow-theorie)

Info: Charles Dow

Charles Dow war ein US-amerikanischer Journalist, der im späten neunzehnten Jahrhundert das noch heute bekannte und renommierte Wall Street Journal herausgab, zum damaligen Zeitpunkt war es die erste reine Börsenzeitung der Welt. Des Weiteren entwickelte Dow den ersten Aktienindex, mit dessen Hilfe er einen Beurteilungsrichtwert für die Schwankungen von Aktien schaffen wollte. Dieser Index ist ebenfalls noch heute bekannt und trägt darüber hinaus den Namen seines Erfinders: der **Dow Jones**. Jones ist damit also auch der Begründer der Chartanalyse. Der Pionier verstarb im Dezember 1902 in New York City, also lange bevor er den weltweiten Erfolg seines Indexes oder seiner Methode der Chartanalyse erleben konnte.

Dow selbst hatte seine Analysen und Schlussfolgerungen nie in einer zusammenhängenden Textform wie einem Buch oder einem Paper veröffentlicht. Die meisten Inhalte seiner Theorie schrieb er in Artikeln für diverse Finanzzeitungen, später vor allem seinem eigenen Wall Street Journal, nieder. Bereits ein Jahr nach seinem Tod wurden seine Artikel jedoch in einem Buch zusammengefasst und als zusammenhängendes Theoriekonstrukt veröffentlicht.

Die sechs Grundprinzipien der Dow-Theorie
1. Ein Index enthält alle notwendigen Informationen. Laut Dow sind alle relevanten Informationen, die man benötigt, um einen Markt zu verstehen, in einem Aktienkurs enthalten. Die relevanten Informationen seien nämlich die Einschätzung des Marktes durch die Marktteilnehmer*innen. Damit hat Dow den psychologischen Aspekt der Börse sehr gut verstanden. Außerdem bilde der Markt auch unvorhergesehene Ereignisse wie Naturkatastrophen, Terroranschläge oder Unternehmenspleiten direkt ab und sei damit der Fundamentalanalyse (*siehe nächstes Kapitel*), welche den grundsätzlichen Wert eines Unternehmens festlege, überlegen.
2. Der Markt hat drei Trends. Die vielleicht wichtigste Kernaussage der Dow-Theorie habe ich bereits vorgestellt, klassischerweise wird sie als die zweite Annahme bezeichnet. Der erste Trend, der Primärtrend, sei langfristig zu betrachten, mindestens über den Zeitraum von einem Jahr hinweg. Die Sekundärtrends könnten dem Primärtrend entgegenwirken und somit auch dazu beitragen, dass der Primärtrend korrigiert werden müsse oder könne. Sekundärtrends seien in Zeiträumen von drei Wochen bis hin zu drei Monaten feststellbar. Die Tertiärtrends spielten wiederum bloß eine untergeordnete Rolle. Es handle sich um kurzfristige Auf- und Abwärtstrends, meist um Schwankungen, die innerhalb eines Tages zu beobachten seien. Diese kleinen Schwankungen seine jedoch insgesamt bedeutungslos. Innerhalb der Trends unterscheidet Dow in Aufwärtstrends und Abwärtstrends. Wenn man die Hoch- und Tiefpunkte in einem Chartverlauf verbinde, erhielte man den Kursverlauf und eine sogenannte Trendlinie.

3. Primärtrends haben drei Phasen. Keine Angst, es wird nicht unübersichtlich! Wir haben es, wie wir bereits gelernt haben, mit drei Arten von Trends zu tun, wobei der wichtigste der drei der Primärtrend ist. Innerhalb des Primärtrends gibt es jedoch verschiedene Phasen. Diese werden vom Anlageverhalten der Teilnehmer*innen am Markt beeinflusst. Die erste Phase ist die *Akkumulationsphase*. Sie beginnt, wenn sich ein langfristiger Trend dreht, also beispielsweise ein Abwärtstrend zu einem Aufwärtstrend wird. Anleger*innen nutzen diese frühe Phase häufig, um günstig Wertpapiere zu kaufen. Darauf folgt die zweite Phase, die *Phase der öffentlichen Beteiligung*. Die Trendwende wird der breiten Öffentlichkeit bekannt und ist nun kein Insiderwissen von gut informierten Anleger*innen mehr. Somit steigen viele Akteure in den Handel mit den entsprechenden Wertpapieren ein. Die dritte Phase bezeichnet Dow als *Distributionsphase*. Aufgrund des wirtschaftlichen Aufschwungs schlägt der Optimismus in Euphorie um. Private Anleger*innen und Kleinaktionär*innen legen ihr Geld am Markt an. Für die Insider ist dies bereits das erste Signal zur Trendwende und sie stoßen ihre Positionen rechtzeitig an die Kleinanleger*innen ab.

4. Indizes müssen einander bestätigen. In der Infobox habe ich kurz und knapp zusammengefasst, dass der Dow Jones nach Charles Dow benannt wurde. Das ist soweit richtig, tatsächlich erdachte Dow selbst jedoch zwei Indizes, die sich gegenseitig bestätigen müssten, damit man den Trend auch tatsächlich als solchen ansehen könne. Dow nannte seine beiden, sich gegenseitig kontrollierenden Indizes *Dow Jones Railroad Average* und *Dow Jones Industrial Average*. Erst, wenn beide Indizes dasselbe Signal senden würden, könne man tatsächlich von Trends sprechen.

5. Das Volumen muss den Trend bestätigen. Das Volumen bezeichnet die vorhandene Geldmenge an einem Markt. Im nächsten Kapitel werden wir noch einmal dezidierter auf das Volumen als Marktindikator eingehen. Grundsätzlich können Sie sich jetzt bereits merken: Wenn Anleger*innen viel Geld in einen Markt investieren, steigt das Volumen, ziehen sie das Geld aus welchen Gründen auch immer aus dem Markt zurück, sinkt das Volumen. Dow sieht das Volumen als wichtigen Indikator an, um die vorhandenen Trends zu bestätigen. Bei einem Aufwärtstrend sollten also die Umsätze am Markt steigen, bei einem Abwärtstrend fallen. Ansonsten müsse man genau darauf achten, ob tatsächlich ein Trend zu erkennen ist.

6. Ein Trend gilt so lange, bis er umkehrt. Hier unternimmt der Begründer der technischen Analyse sogar einen kleinen Ausflug in die Welt der Physik, genauer gesagt nimmt er das Trägheitsgesetz unter die Lupe. Ein Trend setzt sich demnach so lange fort, bis es eindeutige Signale für eine Umkehr des Trends gibt. Oder, angewendet auf die drei Phasen eines Primärtrends: Ein bestehender Trend endet erst mit dem Beginn einer neuen Akkumulationsphase.

Dow und die technische Analyse

Mittlerweile ist das ursprüngliche Konzept Dows mehrfach ergänzt und der aktuellen Zeit angepasst worden. Dennoch ist die technische Analyse kaum ohne ihren Pionier denkbar, da von ihm die wichtigsten Anstöße und Grundannahmen stammen, mit denen Charts noch heute analysiert werden. Auch weitere Indikatoren (sogenannte technische Indikatoren) wie beispielsweise errechnete Durchschnitte in Kursverläufen, basieren auf Dows Theorie. Sein Rundumblick, der auch die berühmte Börsenpsychologie und das menschliche Anlegeverhalten nicht außer Acht ließ, machen ihn zu einer der bedeutendsten Figuren in der Geschichte des Börsenhandels (Gall, Dow-Theorie: Chartanalyse und ihre Anfänge, 2017).

Wie funktioniert die technische Analyse?

„Börse ist, Nerven dort zu behalten, wo sie andere verlieren"

(Erhard Blanck)

CHARTS LESEN LERNEN

Sicherlich kennen Sie die allabendlichen Börsennachrichten im Fernsehen oder Sie schauen sich die abgebildeten Kursverläufe der weltweiten Börsen morgens im Wirtschaftsteil Ihrer Tageszeitung an. Bei Kursverläufen haben Sie es stets mit Diagrammen zu tun, mit sogenannten Charts. Daher wird die technische Analyse auch als Chartanalyse bezeichnet.

Es liegt auf der Hand, dass Sie diese Charts verstehen sollten, wenn Sie ernsthaft Geld an der Börse investieren möchten. Betrachten Sie die Chartanalyse als Ihr Handwerkszeug, was für einen Bäcker das Mehl oder für einen Tischler das Holz ist, ist für Sie das Chart – wenn Sie es nicht lesen können, haben Sie keine Chance, Ihren Beruf (oder auch Nebenberuf, je nachdem, wie Sie Ihre Karriere an der Börse planen) erfolgreich auszuführen. Aus dem Chart können Sie die Trends herauslesen, welche die Börse in nächster Zeit sehr wahrscheinlich beeinflussen werden. Geht der Trend nach oben und, wenn ja, verhält er sich stabil oder wird der Kurs nach einem kurzen Anstieg wahrscheinlich wieder fallen? Diese Fragen sind entscheidend für Ihre Investitionsentscheidung und können anhand des Charts meistens zielsicher beantwortet werden.

WELCHE ARTEN VON CHARTS GIBT ES?

• **Linienchart**: Die wohl einfachste und auch bekannteste Form der Darstellung von Aktienkursen ist das Liniendiagramm oder auch Linienchart. Die Kurse zu verschiedenen Zeitpunkten (Intervallen) werden markiert und zwecks Anschaulichkeit der Darstellung mit einer Linie verbunden. Das Linienchart ist sehr übersichtlich, enthält aber dafür ausschließlich die basalen Informationen zu einem Kursverlauf. Andere Grafiken sind diesbezüglich informationsreicher.
• **Balkenchart**: Das Balkendiagramm oder -chart kann als die erste Weiterentwicklung des Liniencharts betrachtet werden. Die Zeitintervalle werden hierbei als Balken explizit eingezeichnet, die Darstellung geht also genauer auf die Zeitintervalle ein, anstatt lediglich ihre Endpunkte mit einer Linie zu verbinden. Die niedrigsten und höchsten Kurswerte innerhalb eines Intervalls können aus dem Balkenchart abgelesen werden.
• **Candlestick-Chart**: Auf Deutsch würde man diese Art Diagramm wohl als Kerzenchart (oder noch genauer: als Kerzendocht-Chart) bezeichnen. Es ähnelt im Wesentlichen dem Balkenchart, allerdings sind kleinere Trends und Ausschläge im Kursverlauf hier noch deutlicher zu erkennen. Mithilfe von Dreiecken wird die Spannweite zwischen dem Eröffnungs- und dem Schlusskurs eines Handelstages eingezeichnet. Wir sehen so auf einen Blick, ob der Eröffnungskurs innerhalb eines Intervalls über oder unter dem Schlusskurs liegt. Das Kerzenchart ist damit die detaillierteste Darstellungsform eines Verlaufs und eignet sich daher am besten für die Chartanalyse (Gall, Chartanalyse: Mit System zu mehr Rendite?, 2020).

Info: Charts

Unter einem Chart versteht man zunächst einmal die grafische Darstellung einer historischen Kursentwicklung eines Wertpapiers, wie zum Beispiel einer Aktie (Gall, Chartanalyse: Mit System zu mehr Rendite?, 2020). Der oder das Chart stellt also die Grundlage für die Chartanalyse dar, es gilt, die grafische Darstellung zu verstehen.

CHARTMUSTER

Es gibt verschiedene Möglichkeiten, um die günstigsten Zeitpunkte zum Ein- und Ausstieg in oder aus einem Markt, zum Kaufen oder Verkaufen von Wertpapieren ausfindig zu machen. Eine Möglichkeit ist es, Chartmuster in historischen, das heißt vergangenen, Kursverläufen zu erkennen. Wir schauen uns also die Vergangenheit an und ziehen dabei Rückschlüsse für die Zukunft.

Eine Grundannahme der technischen Analyse lautet: *Finanzmärkte verhalten sich zyklisch*! Auch diese Annahme geht im Übrigen auf den uns bereits bekannten Charles Dow zurück. Es gibt demnach Ereignisse an den Finanzmärkten, die sich in einer bestimmten Regelmäßigkeit wiederholen. Somit verlaufen auch die Kurse von Aktien oder anderen Wertpapieren in bestimmten Mustern, die sich immer wieder erkennen lassen. Ein Chartmuster entsteht, indem man markante Punkte in einem Kursverlauf, das sind meist extreme Ausschläge nach oben und nach unten, mit Linien zu einer Grafik verbindet.

Auch hier zeigt sich wieder: technische Analyse ist kein Hexenwerk und weitaus nicht so kryptisch, wie man vielleicht denken würde. Mit einfacher Markierung von bestimmten Punkten und deren Verbindung ist eine einfache, leicht verständliche Grafik generiert, die aber bereits viel über unseren Markt aussagt.

Die wichtigsten Formationen der Chartmuster

Im Wesentlichen unterscheiden wir bei der Analyse von Chartmustern zwischen Trendumkehr- und Trendfolgeformationen. Bei einer Trendfolgeformation geht man davon aus, dass ein Trend beibehalten wird, sich also nichts am Aufwärts- oder Abwärtstrend eines Verlaufs ändert. Mit Trendfolgeformationen kann man besonders gut den passenden Zeitpunkt zum Einstieg in eine Trendbewegung ausfindig machen. Bei der Trendumkehrformation kann man davon ausgehen, dass sich ein Trend nicht weiter fortsetzt.

Trendumkehrformationen

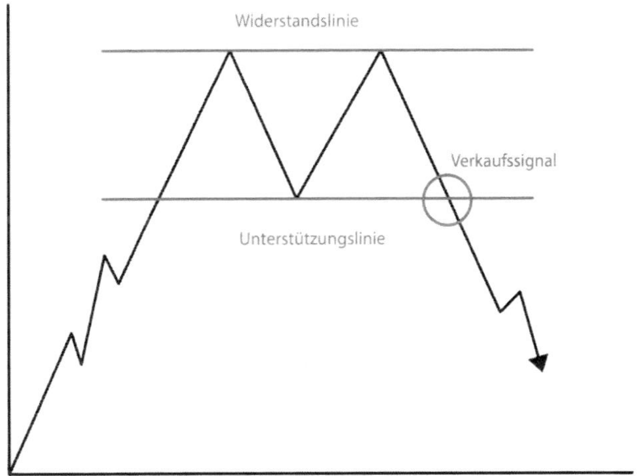

Abbildung 2 Doppel-Top-Formation

Doppel-Top: Die *Doppel-Top-* oder auch M-Formation zeichnet sich durch zwei annähernd identisch hohe Kursspitzen aus. Bei tiefen Kursspitzen spricht man im Gegenzug von einer W-Formation.

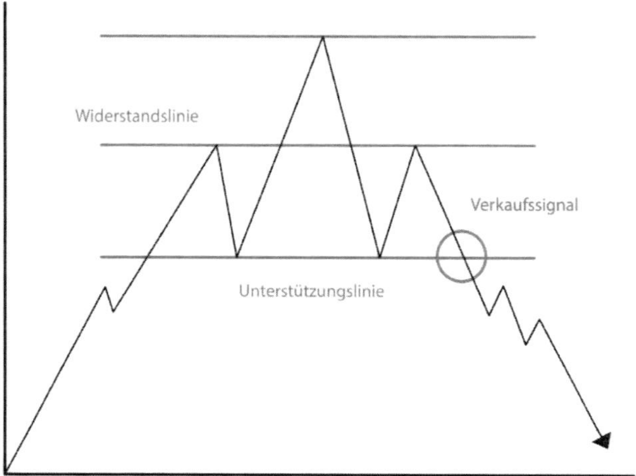

Abbildung 3 Schulter-Kopf-Schulter-Top-Formation

Als zuverlässig gilt gemeinhin die *Schulter-Kopf-Schulter-Top-Formation*. Ein schwaches Hoch (linke Schulter) wird von einem deutlichen Hoch (dem Kopf) und einem wiederum relativ schwachen Hoch (rechte Schulter) gefolgt. Die linke und die rechte Schulter sind dabei, analog zur tatsächlichen Anatomie, in etwa gleich hoch.

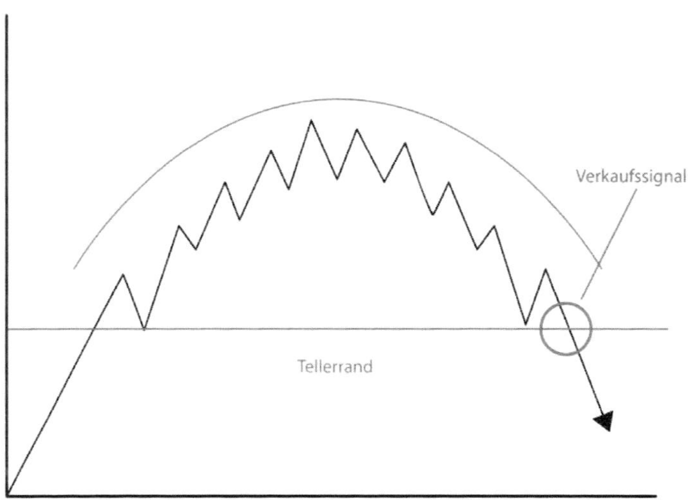

Abbildung 4 Untertasse

Die Untertasse nimmt die Form eines Rundbogens an. Sie entsteht dann, wenn Kurse langsam und allmählich fallen, dann aber ebenso langsam und gemächlich wieder ansteigen. Die umgekehrte Formation wird als umgekehrte Unterasse bezeichnet.

Trendfolgeformationen

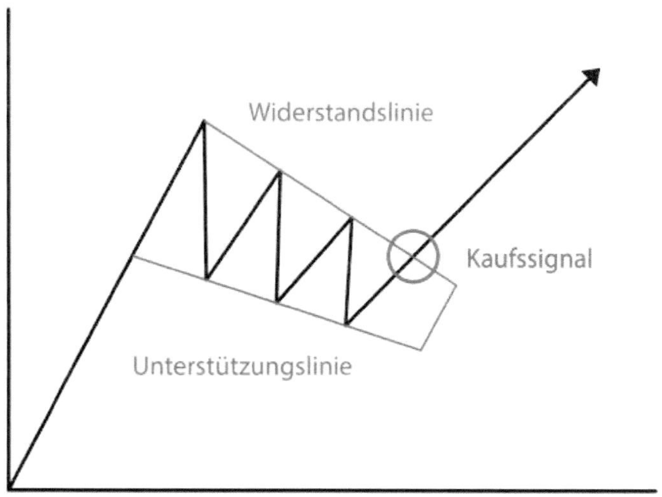

Abbildung 5 Wimpel

Der Wimpel bildet sich infolge eines starken Trends nach oben oder nach unten aus, richtet sich also gegen den übergeordneten Trend. Dadurch, dass die Kursschwankungen geringer werden, entsteht durch das Verbinden der Punkte das Wimpel-förmige Dreieck. Im Falle eines Aufwärtstrends würde der Wimpel nach oben zeigen, der hier dargestellte Wimpel modelliert einen Abwärtstrend.

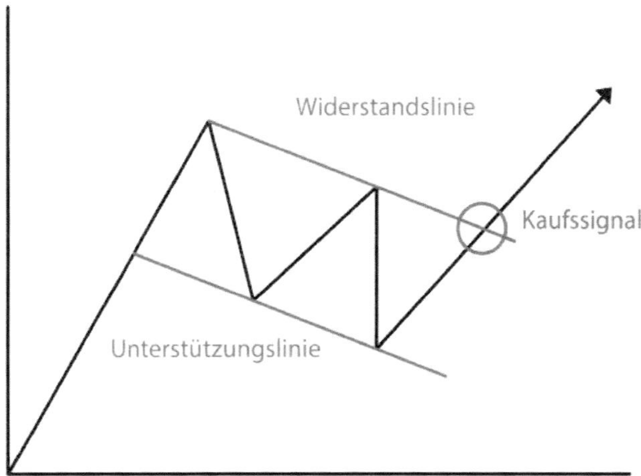

Abbildung 6 Flagge

Die Flagge wiederum entsteht durch zwei Trendlinien, die dem bestehenden Trend entgegenlaufen. Sie bilden auf diese Weise eine Art Parallelogramm. Wir haben es also nicht mit einer vollkommenen Umkehr eines Trends, sondern eher mit einer Art Pause zu tun. Klettert der Kurs über die obere oder unter die untere Trendlinie, ist die Flagge keine Flagge mehr und die Pause in unserem Trend somit beendet.

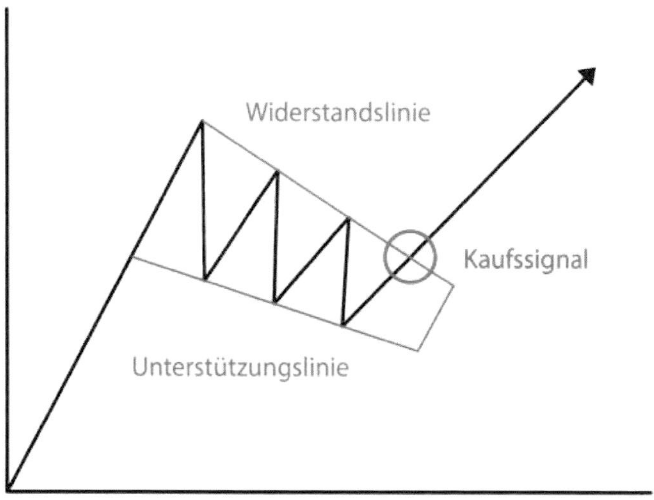

Abbildung 7 Keil

Der Keil drückt, ähnlich wie der Wimpel, eine schnell abnehmende Kursschwankung aus. Der Keil richtet sich allerdings stärker gegen den Trend als er. Je stärker die Auf- oder Abwärtsbewegung zuvor gewesen ist, desto eher neigt sich der Keil.

Chartmuster richtig analysieren

Grundlegend werden für die Chartmusteranalyse hauptsächlich Candlestick-Charts verwendet, da sie, wie wir eben gelernt haben, die detailliertesten Informationen enthalten und somit am aussagekräftigsten für uns sind. Dabei können Chartmuster über einen beliebigen Zeitraum hinweg betrachtet werden. Häufig versuchen Anleger*innen mithilfe der technischen Analyse Day-Trading zu betreiben, interessant sind in diesem Fall also vor allem Tagescharts. Sie können aber auch längere oder gegebenenfalls kürzere Zeiträume betrachten, es gibt mittlerweile, der

Digitalisierung sei Dank, sogar Minuten- oder Sekundencharts. Zentrale Begriffe sind zudem *Widerstand* und *Unterstützung*. Wir gehen davon aus, dass ein Kurs nicht ohne einen bestimmten Grund unter ein gewisses Level fällt, er sinkt nicht unter einen bestimmten Wert. Dieser bestimmte Wert, unter den der Kurs im Regelfall nicht fällt, bezeichnet man als Unterstützungslinie, man spricht davon, dass der Kurs ab diesem Punkt Unterstützung erfährt. Ebenso gibt es auf der anderen Seite auch eine Obergrenze, über die ein Kurs unter Normalbedingungen nicht hinausschießt, er steigt nicht über einen bestimmten Wert. Die Linie, die man an diesem Hochpunkt entlang ziehen kann, ist die Widerstandslinie, der Kurs erfährt auf diesem Level Widerstand.

Über die Aussagekraft der Chartmuster

Chartmuster können eine verlässliche Möglichkeit sein, um Aussagen über die zukünftige Entwicklung von Aktienkursen zu treffen. Machen Sie dabei jedoch nie den Fehler, die Muster zu überinterpretieren. Auch sollten Sie die Kursverläufe niemals so zurechtbiegen, dass sie für Sie günstiger erscheinen, die Dinge sind, wie sie sind, die Verläufe und die Kurven sind es ebenfalls. Genau an dieser Stelle liegt aber auch schon die erste Krux bei der Interpretation von Chartmustern – nämlich, dass sie interpretationsbedürftig sind. Die oben von mir vorgestellten Formationen finden sich in reellen Charts selten in Reinform, zumeist haben wir es mit Zwischendingen zu tun. So kann ein Analyst A in ein und dasselbe Chart einen anderen Verlauf hineininterpretieren als seine Kollegin B.

Es gilt also: Eine hundertprozentige Sicherheit gibt es beim Analysieren der Chartmuster nicht, doch vom Gedanken absoluter Sicherheiten haben wir uns bereits zu Beginn unserer Lektüre verabschiedet. Ein Chartmuster zeigt uns aber den wahrscheinlichsten Verlauf eines Kurses. Wir wissen nicht, ob dieser Verlauf tatsächlich eintritt, können aber mit Sicherheit sagen, welche Variante am wahrscheinlichsten ist – und auch das ist, gerade bei risikobehafteten Finanzprodukten, schon einmal etwas wert. Fakt ist jedenfalls, dass eine immer größer werdende Zahl von Trader*innen die technische Analyse und die Analyse von Chartmustern nutzt, um ihr Handeln am Finanzmarkt zu optimieren. Wenn Sie also eine gewisse kritische Distanz wahren und sich dessen bewusst sind, dass Sie trotz aller Wahrscheinlichkeit doch letztlich ausschließlich Wahrscheinlichkeiten und keine Sicherheiten herausarbeiten können, ist die Analyse von Chartmustern ein gutes Hilfsmittel, um die optimalen Zeitpunkte für Investitionen, für Käufe und Verkäufe zu timen.

Tipp: Autochartist

Gerade für Anfänger*innen mögen manche Charts ein wenig verwirrend und wenig übersichtlich sein. Daher bieten die meisten Online-Broker kostenlose Software an, die Ihnen den Umgang mit den Charts erheblich erleichtert. Autochartist ist eine der bekanntesten und empfehlenswertesten Softwares, mit denen Sie arbeiten können. Das Tool wurde von der gleichnamigen Firma bereits im Jahr 2004 in den USA entwickelt und ist bei den meisten Brokern kostenlos nutzbar.

TRENDLINIEN

„The trend is your friend" ist eine alte Börsenweisheit und beschreibt eine der wesentlichen Aussage der technischen Analyse ziemlich treffend. Trendlinien sind wichtige Markierungspunkte innerhalb eines Chartverlaufs, die Ihnen dabei helfen sollen, Auf- und Abwärtstrends in einem Kursverlauf vorauszusehen.

Was sind Trendlinien?

Eine Trendlinie ist eine Gerade, die in einem Chart eingezeichnet wird. Sie verbindet die extremen Ausschläge im Kurvenverlauf nach oben oder nach unten miteinander. Wir haben bereits gelernt, dass laut der für die technische Analyse maßgeblichen Dow-Theorie eine Aufwärts- oder Abwärtsbewegung eines Indexes so lange anhält, bis eine Bewegung im Kursverlauf einen Wendepunkt andeutet. Es geht uns also darum, diesen Punkt ausfindig zu machen, an dem der aktuelle Trend kippt, sich nicht weiter fortsetzt und sich unter Umständen sogar ins Gegenteil verkehrt. Zur Wiederholung: Laut der Dow-Theorie gibt es drei Trends: aufwärts (Kurs steigt), abwärts (Kurs fällt) und seitwärts (Kurs stagniert). Um herauszufinden, in welche Richtung der Trend weist, brauchen wir die Trendlinien (Gall, Trendlinie: Kurstrends frühzeitig erkennen, 2017).

Widerstand oder Unterstützung?

Die wichtigsten beiden Trendlinien sind Widerstands- und Unterstützungslinien. Noch einmal zur Erinnerung: Der Kurs erfährt ab einer bestimmten Steigung einen Widerstand, höher wird die Kurve vermutlich nicht steigen. Ebenso erfährt er ab einer bestimmten Dauer der Abwärtsbewegung Unterstützung, der Kurs wird also nicht weiter fallen als bis zur Unterstützungslinie.

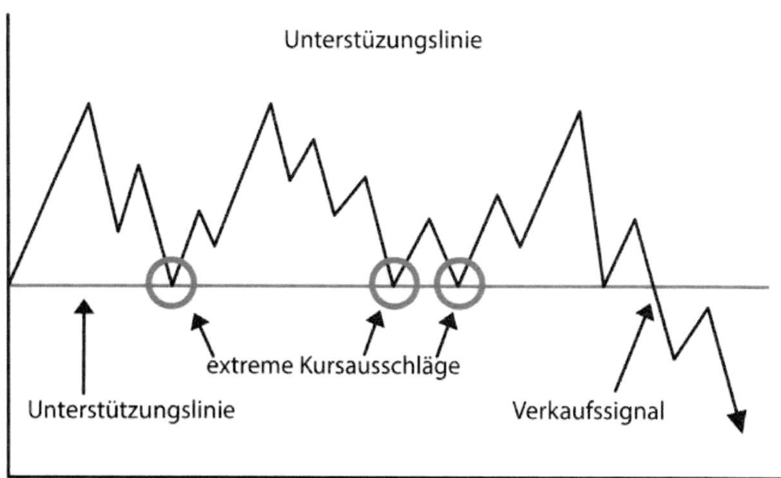

Abbildung 8 Unterstützungslinie

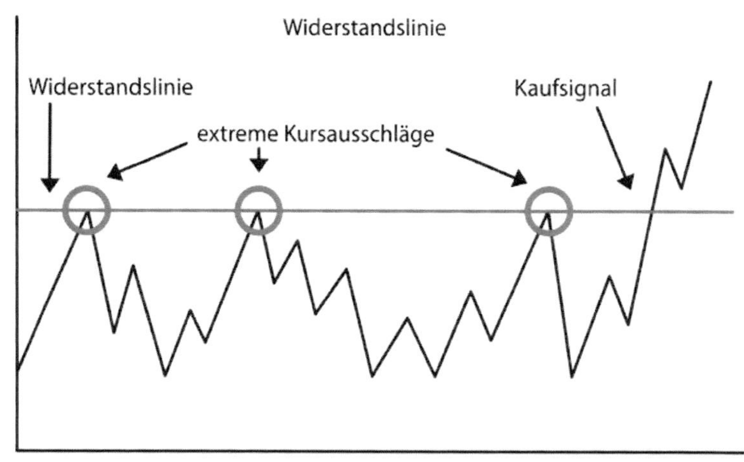

Abbildung 9 Widerstandslinie

Wir unterscheiden also zwischen zwei verschiedenen Arten von Trendlinien. Dabei handelt es sich stets um gedachte Linien, sie sind nicht explizit in einem Chart eingezeichnet. Die Zone, die zwischen diesen beiden imaginären Trendlinien liegt, wird als Trendkanal bezeichnet. Ein Widerstand kann auch zur Unterstützung werden, wenn der Widerstand erst einmal durch einen deutlichen Kursanstieg gebrochen wurde. Dasselbe Prinzip funktioniert auch umgekehrt. Eine Unterstützung kann zum Widerstand werden, wenn die Trendlinie durch einen stark fallenden Kurs durchbrochen wird. Klingt kompliziert? Veranschaulichen wir uns das Prinzip an einem Beispiel:

Gehen wir davon aus, dass ein fiktiver Index die Kursentwicklung von Start-up-Unternehmen abbildet. Wir gehen davon aus, dass dieser Index die gedachte Marke von 5.000 Punkten nicht überschreitet, die bisherige Erfahrung mit dem Chart belegt: bei 5.000 Punkten erfährt der Kurs unseres Indexes Widerstand. Nun aber ist eines unserer Start-ups explodiert und ist innerhalb kürzester Zeit zu einem wertvollen Unternehmen geworden. Diese Entwicklung erhöht auch den Wert des Indexes, der aufgrund dieser enormen Wertsteigerung erstmals über die Widerstandslinie hinaus steigt.

Daraus ergeben sich wiederum zwei Trendlinien: Im Laufe der Zeit wird sich eine neue Widerstandslinie herauskristallisieren, sagen wir in etwa bei 8.000 Punkten. Es entsteht aber auch eine neue Unterstützungslinie, in diesem Fall bei 5.000 Punkten unserer alten Widerstandslinie. Da diese aufgrund eines konkreten Ereignisses durchbrochen worden ist, können wir davon ausgehen, dass der Kurs ohne einen triftigen Grund nicht wieder unter diese Markierung fallen wird. Die Widerstandslinie ist also zur Unterstützungslinie geworden.

Auch der umgekehrte Fall ist denkbar: Nehmen wir ein aktuelles Beispiel, um den Ablauf zu verdeutlichen. Ein Index bildet den Wert sämtlicher Unternehmen ab, die in der Veranstaltungsbranche tätig sind. Jahrelang konnten wir feststellen, dass es eine Unterstützungslinie ab dem Wert von 2.000 Punkten gab, der Kurs ist in den letzten Jahren nie unter diesen Wert gefallen. Aufgrund der aktuellen Situation, in der Veranstaltungen in großem Stil abgesagt werden und Veranstaltungen mit Tausenden von Teilnehmer*innen undenkbar scheinen, gerät die Veranstaltungsbranche jedoch in eine handfeste Krise und der Wert unseres Indexes unterschreitet erstmals die 2000er-Marke. Auch hier ergeben sich aus diesem Vorgang zwei neue Trendlinien. Es ergibt sich eine neue Unterstützungslinie, die in diesem Fall niedriger ist als 2.000 Punkte, sagen wir zum Beispiel 500 Punkte. Aus der alten Unterstützungslinie ist nun die Widerstandslinie geworden, denn wenn sich die Situation für die Veranstaltungsunternehmen nicht verändert, wird auch der Index nicht erneut über diese Linie steigen.

Tipp: Widerstands- und Unterstützungslinien sind oftmals bei runden Zahlenwerten ausfindig zu machen. Der Mensch mag ganze Beträge, denn schließlich können wir uns unter der Zahl 5.000 mehr vorstellen als unter der Zahl 5.224,6. Auch wenn die runden Beträge nicht exakt dem Kursverlauf entsprechen, markieren Sie sehr wahrscheinlich eine Trendlinie.

Von intakten Trends und Fehlausbrüchen

Wie wir bereits gelernt haben, wird die technische Analyse in den meisten Fällen anhand von Candlestick-Charts betrieben, da diese den höchsten Gehalt an Informationen bieten. Innerhalb eines Charts sprechen wir von einem intakten Trend, wenn der Kurs dauerhaft weder die Unterstützungs- noch die Widerstandslinie durchbricht; oder mit anderen Worten: wenn sich der Kurs dauerhaft im Trendkanal bewegt.

Um festzustellen, ob ein Kurs intakt ist, ist die Abschlusskurse (*Close Kurse*) eines Handelstages maßgeblich und nicht etwa der Tageshöchst-

oder Tagestiefstwert. Es kann also innerhalb eines Tages Ausbrüche geben, die über die Widerstandslinie oder unter die Unterstützungslinie hinausragen, doch wenn der Kurs am Ende des Handelstages unterhalb der Widerstandslinie oder oberhalb der Unterstützungslinie schließt, gilt er nach wie vor als intakt.

Die extremen Ausbrüche von Tageshöchst- und Tagestiefstwerten über oder unter die Trendlinien werden als Fehlausbrüche bezeichnet. Es scheint zunächst so, als würde eine Trendumkehr stattfinden, doch in Wahrheit setzt sich der Trend dennoch weiter fort. Wenn Sie also die technische Analyse betreiben möchten, sollten Sie nicht unmittelbar nach einem Trendlinienbruch traden. Warten Sie erst einmal ein wenig ab, ansonsten besteht die Gefahr, dass Sie zu schnell handeln und kaufen oder verkaufen, obwohl der Trend nur kurz unterbrochen und nicht etwa umgekehrt ist. Schauen Sie sich an, ob der Trend sich weiterhin zur Ausbruchsrichtung bewegt.

Falls Sie Day-Trading betreiben möchten, sollten Sie die auf dem Chart eingestellte Zeitperiode beachten. Bei einem 30-Minuten-Chart sollte der Ausbruch über die Trendlinien hinweg also mindestens 30 Minuten anhalten, bei einem 60-Minuten-Chart 60 Minuten und so weiter.

Kritik

Fehlausbrüche können zu Fehleinschätzungen führen. Die Analyse von Trendlinien ist, wie die Analyse der nun erklärten technischen Indikatoren, mit einer gewissen Fehleranfälligkeit behaftet. Es gibt hier stets einen Interpretationsspielraum, im Falle der Trendlinien ist dieser ungleich größer als bei der Analyse technischer Indikatoren. Es ist ein wenig wie mit der Analyse eines Gedichts. Es gibt verschiedene Interpretationen, nur dass man bei einem Gedicht nicht wirklich von richtigen oder falschen Interpretationen sprechen kann, bei der Analyse eines Kursverlaufs allerdings schon. Untermauern Sie Ihr Wissen gegebenenfalls mit der Technik der Fundamentalanalyse und befassen Sie sich intensiv mit der Materie, bevor Sie Geld investieren.

TECHNISCHE INDIKATOREN

Mithilfe technischer Indikatoren sollen Signale zum Kauf und Verkauf von Positionen auf mathematische Art und Weise berechnet werden. Man errechnet zum Beispiel den Durchschnittskurs einer Aktie und damit den sogenannten gleitenden Durchschnitt. Dieser dient in den meisten Fällen als Grundlage für die Berechnung. Ziel ist es, die zukünftige Entwicklung eines Aktienkurses voraussagen zu können. Technische Indikatoren sollen komplizierte Charts auf wesentliche Gesichtspunkte herunterbrechen und die entscheidenden Stellen im Diagramm anzeigen. Aus dem vereinfachten Kursverlauf können Trader*innen nun einfacher Kauf- und Verkaufssignale ablesen. Erinnern Sie sich einfach an den Mathematik-Unterricht in der Schule. Auch dort war es das Ziel, komplizierte Gleichungen zu vereinfachen, um sie anschließend besser berechnen zu können. Eine solche Vereinfachung soll durch die technischen Indikatoren gelingen. Es gibt vier wesentliche und gängige technische Indikatoren, die ich Ihnen an dieser Stelle vorstellen möchte.

1. Momentum-Indikator (MOM): Das Momentum ist ein Konzept, mit dem die Stärke von Kursbewegungen gemessen wird. Da vor allem die Verlangsamung oder die Beschleunigung der Kursbewegungen betrachtet wird, ermittelt man mithilfe des MOM die Schwäche oder die Stärke eines Trends. Zur Berechnung des Wertes des aktuellen Momentums zieht man den Abschlusskurs, zum Beispiel einer Aktie, vor einer bestimmten Periode vom aktuellen Schlusskurs ab. Der Zeitraum kann dabei von Ihnen bestimmt werden. Praktisch hieße das, dass Sie zum Beispiel den Kurs der Siemens-Aktie von vor einem Jahr betrachten und ihn mit dem tagesaktuellen Kurs der Siemens-Aktie in Relation setzen möchten. Dazu ziehen Sie den Kurs von vor einem Jahr von dem heutigen Kurs ab. Je nach Ergebnis erhalten Sie einen positiven oder einen negativen Trend, ist der Momentum-Indikator eine negative Zahl, ist auch der Trend negativ. Der in meinem Beispiel gewählte Zeitraum von einem Jahr ist groß, Sie können natürlich auch kürzere Abschnitte wählen.

2. Moving Average Convergence / Divergence (MACD): Beim MACD wird zunächst die Differenz aus zwei gleitenden Durchschnitten berechnet. Die gleitenden Durchschnitte ergeben sich aus dem durchschnittlichen Kurs einer Aktie in einem bestimmten Zeitraum (auch hier können Sie den Zeitraum selbst bestimmen, den Sie sich betrachten möchten). Aus der Differenz der beiden Werte ergibt sich ein neuer Durchschnitt, der in Form einer Linie dargestellt wird. Diese Linie wird als schnelle Linie bezeichnet. Auf Basis der schnellen Linie wird nun ein neuer gleitender Durchschnitt berechnet, der nun langsame Linie heißt. Am Schnittpunkt der schnellen und der langsamen Linie ergeben sich Kauf- beziehungsweise Verkaufssignale.

3. Heikin-Ashi: Das Ziel des Heikin-Ashi ist es, die Kursverläufe von Wertpapieren zu harmonisieren. Sie filtern dazu im Chart kleinere, kaum einflussreiche Kursbewegungen heraus, die sich gegen die Hauptbewegung richten. Somit können Sie den Trend noch deutlich sichtbarer machen. Auch für den Heikin-Ashi verwenden Sie bestenfalls die Darstellung der Kursverläufe in Form eines Candlestick-Charts.

4. Ichimoku-Kinko-Hyo (Ichimoku): Der Ichimoku klingt ein wenig wie eine Figur aus der japanischen Kampfkunst oder dem Origami und in der Tat handelt es sich um eine recht komplexe Darstellungsform. Er besteht aus einem komplexen System von fünf Linien, die sich aus der Verbindung der Mittelwerte zwischen den Hoch- und Tiefpunkten des Kurses ergeben. Auch hier benötigen wir einen bestimmten Betrachtungszeitraum, der von Ihnen frei bestimmt werden kann. Kürzere

Zeiträume sind dabei leichter zu überschauen, längere Zeiträume sind unter Umständen aufschlussreicher. Unter Zuhilfenahme des Ichimoku können Sie sich einen umfassenden Überblick über den Zustand und die Bewegungen einer Position verschaffen. Er liefert Ihnen darüber hinaus konkrete Signale für Käufe und Verkäufe (Gall, Technische Indikatoren: Zukünftige Kursverläufe berechnen, 2020).

Die Grundlage für die Berechnung ist dabei allein das jeweilige Chart, die Basiswerte, der Preis, das Volumen und die Entwicklung. Technische Indikatoren sind, wie der Name bereits verrät, rein technisch und lassen wenig Spielraum für Interpretationen, so wie man auch etwa den Satz des Pythagoras nicht interpretieren, sondern lediglich anwenden kann. Auch für die technischen Indikatoren bildet die uns bereits bestens bekannte Dow-Theorie die Grundlage. Nach ihr bilden Aktienkurse alle relevanten Daten der entsprechenden Aktie ab. Fundamentaldaten zum Beispiel müssten für die Analyse nicht berücksichtigt werden, was auch ein großer Kritikpunkt an der Dow-Theorie ist. Doch dazu an späterer Stelle mehr. Nun sollten Sie zunächst einmal verstanden haben, was es mit den technischen Indikatoren auf sich hat.

Kann man so etwas lernen?

Vielleicht hat mein Vergleich mit der Mathematik Sie bereits abgeschreckt? Ich hoffe nicht. Denn auch, wenn Sie in der Schule, wie vermutlich die meisten von uns, hin und wieder Ihre liebe Mühe mit der Mathematik hatten, können Sie die technische Analyse problemlos lernen. Die meisten Online-Broker bieten auf ihrer Webseite kostenlose Tools an, mit denen Sie behutsam an die Analyse technischer Indikatoren herangeführt werden. Bei manchen Brokern müssen Sie noch nicht einmal Kunde oder Kundin sein, Sie können die Tools dennoch kostenlos benutzen. Allerdings sind diese nicht unbedingt intuitiv, da die technische

Analyse auf alle Fälle komplexer ist, als es auf den ersten Blick scheint. Sie sollten sich vorher auf alle Fälle intensiv mit den Indikatoren auseinandersetzen. Eine gute Grundlage zum Verständnis dieser Tools ist allerdings auch dieses Buch. Wenn Sie die grundlegenden Elemente der Chartanalyse verstanden haben, kommen Sie automatisch besser mit den technischen Indikatoren zurecht.

Ein zusätzlicher Faktor, der die Komplexität der meisten Analysetools bedingt, ist die Tatsache, dass es nicht nur verschiedene Indikatoren, sondern auch verschiedene Einstellungsmöglichkeiten für jeden einzelnen Indikator gibt. Sie können zum Beispiel einzelne technische Indikatoren miteinander kombinieren oder verschiedene Zeiträume auswählen. Anfänger*innen können dabei schnell einmal den Überblick verlieren, informieren Sie sich also im Vorfeld über die Eigenschaften der einzelnen Indikatoren und befassen Sie sich auf alle Fälle eingehend mit der Methode. Nutzen Sie die kostenlosen Programme, so können Sie nach dem Trial-and-Error-Prinzip vorgehen und aus Ihren Fehlern lernen. Erst, wenn Sie sich wirklich sicher auf dem Terrain fühlen, können Sie anfangen, tatsächliche Transaktionen mit echtem Geld vorzunehmen.

Trendfolge-Indikatoren und Oszillatoren

Vier wichtige Indikatoren habe ich Ihnen bereits vorgestellt, doch das sind bei Weitem nicht alle. Zudem kommen oftmals neue, zusätzliche Indikatoren hinzu oder die alten werden aufgrund neuer Erkenntnisse optimiert. Unterscheiden wir also einmal grob zwischen zwei Richtungen von Indikatoren. Auf der einen Seite gibt es Trendfolge-Indikatoren, auf der anderen Seite Oszillatoren.

Trendfolge-Indikatoren

Der Name ist in diesem Fall Programm oder *Nomen est Omen*, um es auf

Latein auszudrücken. Die Analysewerkzeuge von Trendfolge-Indikatoren folgen einem vorhandenen Trend, zeigen also in dieselbe Richtung wie der Kursverlauf (nach oben, nach unten oder seitwärts). Diese Indikatoren eignen sich für die Analyse in Zeiten relativer Stabilität an den Märkten. Wenn ruckartige, gegenläufige Bewegungen der Kurse unwahrscheinlich sind, eignen sich Trendfolge-Indikatoren besonders gut. Meistens werden sie dazu verwendet, um die aktuelle Marktsituation besser verstehen zu können und auf der Basis dieses Verständnisses Transaktionen vorzunehmen, also zu kaufen oder zu verkaufen. Der gleitende Durchschnitt oder auch der MACD gehören zu den Trendfolge-Indikatoren, die an mancher Stelle auch verkürzt Trendindikatoren genannt werden.

Oszillatoren

Häufig wird bei den Trendindikatoren bemängelt, dass sie träge seien, also auf eine Trendwende (zum Beispiel von einem Abwärts- hin zu einem Aufwärtstrend) nicht schnell genug reagieren könnten. Somit könnten Trader*innen den wirklich günstigsten und besten Zeitpunkt verpassen, um eine Transaktion vorzunehmen. Oszillatoren schwingen (oszillieren) daher zwischen der oberen und der unteren Kursbegrenzung hin und her. Durch dieses Schwingen zwischen den Extremen eines Kursverlaufs können Sie auch in Zeiten relativer Konstanz an den Börsen und in Zeiten stagnierender Kurse Extremphasen bei der Entwicklung gut prognostizieren.

Wenn der Markt die obere Extremzone erreicht, spricht man im Fachjargon von einem *überkauften* Markt. Wenn er die untere Extremzone streift, spricht man von einem *überverkauften* Markt. Erreicht ein Kurs eine Extremzone, kann man davon ausgehen, dass sich der Kursverlauf nicht weiter fortsetzt, sondern eine Trendwende kurz bevor steht. Wir hatten bereits über die Unterstützungs- und Widerstandslinien gesprochen, dasselbe Prinzip gilt auch hier an dieser Stelle.

Kritik

Absolute Sicherheiten gibt es auch hier nicht. Eine exakte Vorhersage des Kursverlaufs ist auch unter Berücksichtigung sämtlicher technischer Indikatoren nicht möglich. Wir haben bereits gelernt, dass die Bewegungen an den Märkten nicht ausschließlich durch technische Daten geleitet werden, sondern durch das (manchmal irrationale) Verhalten von Marktteilnehmer*innen, von politischen Entscheidungen oder unvorhersehbaren Ereignissen. Eine rein mathematisch-technische Analyse der Märkte lässt also wesentliche Aspekte außer Acht. Somit gelingt es in der Praxis nicht, alle Faktoren mittels mathematischer Berechnung richtig zu gewichten und damit eine einwandfreie, perfekte Prognose zu stellen.

Die mithilfe von technischen Indikatoren ermittelten Zeitpunkte zum Kaufen und Verkaufen dienen daher als ungefähre Richtwerte und nicht etwa als absolute Zeitpunkte. Verlassen Sie sich niemals auf die technischen Indikatoren allein. Berücksichtigen Sie das Marktgeschehen, sträuben Sie sich nicht wie Dow gegen die Fundamentalanalyse und beobachten Sie die Charts mit den Mitteln der technischen Analyse, die ich Ihnen abseits der technischen Indikatoren bereits vorgestellt habe.

PROGNOSEN

„Prognosen sind schwierig, insbesondere, wenn sie die Zukunft betreffen". Dieser berühmte Satz, der wahlweise Mark Twain, Winston Churchill oder Kurt Tucholsky zugeschrieben wird, ist zwar sicherlich zugespitzt formuliert, trifft aber auf der anderen Seite auch den Kern der Sache. Weder Sie noch ich besitzen die berühmte Kristallkugel, aus der wir die Zukunft lesen können. Wir wissen schlicht nicht zu einhundert Prozent, ob die Prognosen, die wir anstellen, stimmen – und mögen sie noch so wahrscheinlich sein. Auch bei der technischen Analyse treffen

Sie Prognosen. Wir müssen uns das Chart ansehen und aus der Vergangenheit, also den bisherigen Kursen, Rückschlüsse auf die Zukunft ziehen können. Eine untrügliche Sicherheit gibt es dabei nicht, selbst, wenn Sie das kleine Einmaleins der technischen Analyse perfekt beherrschen, kann es zu Irrtümern oder unerwarteten Entwicklungen kommen.

Stellen Sie sich etwa vor, Sie hätten am 10. September 2001 auf steigende Börsenkurse gesetzt, da der Trend an den Finanzmärkten eindeutig in diese Richtung gewiesen hat. Sie haben nichts falsch gemacht, Ihre Analyse war goldrichtig, doch plötzlich, einen Tag später, erschüttert der Anschlag auf die Twin Towers in New York City und das Pentagon in Washington die Welt und mit ihr die Börsenkurse, die daraufhin rapide sinken. Wer von uns hätte dieses Ereignis ernsthaft voraussehen können? Ich wähle dieses drastische Beispiel an dieser Stelle bewusst, um Ihnen aufzuzeigen, dass Katastrophen und vollkommen unvorhergesehene Ereignisse den Lauf der Welt ebenso wie den Verlauf der Börsenkurse verändern können.

Gott sei Dank treten Ereignisse von solch erschütterndem Ausmaß nicht oft auf. Deswegen funktioniert die technische Analyse in den meisten Fällen ausgesprochen gut. Sie können sich Ihre Prognose in etwa wie einen Wetterbericht vorstellen. In den allermeisten Fällen stimmt die Wetterprognose für den nächsten Tag, beziehungsweise die nächsten Tage, ziemlich genau. Wenn die Regenwahrscheinlichkeit bei unter zehn Prozent liegt, können Sie an 99 von 100 Tagen unbesorgt ohne Regenschirm aus dem Haus gehen, werden aber unter Umständen an einem einzelnen Tag doch ein wenig nass, da sich ein ungeplanter Schauer über Ihrer Stadt entleert.

Trotzdem werden Sie aufgrund dieser einen fehlerhaften Prognose nicht den Wetterbericht per se infrage stellen und ab sofort jeden Tag mit einem Regenschirm aus dem Haus gehen, auch wenn Hitze und Trockenheit für den Rest der Woche prognostiziert wurden.

Die Wahrscheinlichkeit spielt Ihnen in die Karten, bis auf wenige Ausnahmen gibt es durchaus feste Indikatoren, die Ihnen helfen können, Ihr Verlustrisiko mithilfe der technischen Analyse zu minimieren und Ihre Gewinnchancen zu erhöhen. Mit den folgenden Erklärungen lernen Sie, die Charts richtig zu lesen.

Von der Theorie zur Praxis: Anwendungsbeispiele zur technischen Analyse

„Hier liegt die scharfe Grenzlinie zwischen Intuition und Analyse. Man erkennt das Wirkliche, das Erlebte, das Konkrete daran, dass es die Veränderlichkeit selbst ist."

(Henri Bergson)

BEISPIEL 1

Betrachten wir uns zunächst einmal ein recht simples, leicht verständliches Beispiel, um uns der technischen Analyse langsam zu nähern.

Hier sehen Sie den Output der Software Metatrader. Metatrader ist ein Tool, welches hauptsächlich von Day-Trader*innen verwendet wird, die auf dem Devisenmarkt, das heißt auf dem Markt für ausländische Währungen, spekulieren. Auch wenn es hier nicht primär um Day-Trading gehen soll, werde ich im Folgenden des Öfteren Grafiken von Metatrader verwenden, da sich das Programm sehr schön für die anschauliche Darstellung von Kurvenverläufen eignet. Das hier abgebildete Chart zeigt den Verlauf des Deutschen Aktienindexes (kurz: DAX) von Juni 2016 bis März 2017.

Wir sehen auf den ersten Blick, dass die Kurve gewissen Schwankungen unterworfen ist. Sie hat Ausreißer sowohl nach oben als auch nach unten, verhält sich aber, interessanterweise über den

Jahreszeitraum hinweg betrachtet, relativ stabil. Am Ende des abgebildeten Zeitraums ist die Kurve fast exakt an dem Punkt, wo sie zu Beginn unserer grafischen Darstellung bereits war; dazu später noch mehr. Interessant für die technische Analyse sind vor allem die Extrempunkte, da an ihnen die wesentlichen, richtungsweisenden Entscheidungen getroffen werden. Schauen wir uns also zunächst einmal an, welche Punkte für die technische Analyse interessant sind.

Abbildung 10 Metatrader-Output einer DAX-Kurve
Bildquelle: http://dirkvanalfen.nl/rboptions-studieren/metatrader-liste-wertentwicklung-dax-chartanalyse-heute/ (zuletzt geprüft am 24.10.2020).

Tiefpunkte

Sie sehen den mit dem ersten roten Pfeil markierten **Tiefpunkt** des Kurvenverlaufs. Dieser Punkt ist ein entscheidender, quasi ein neuralgischer Punkt in diesem Chart. An Tiefpunkten setzen viele Trader*innen auf steigende Kurse, denn ohne einen konkreten wirtschaftlichen Grund fallen Kurse in aller Regel nicht unter ein bestimmtes Niveau. Über die Analyse wirtschaftlicher Zusammenhänge werden wir uns ebenfalls später noch einmal ausführlich unterhalten. Die Annahme, dass die Kurse nicht unter einen bestimmten Punkt fallen werden, wirkt wie eine selbsterfüllende Prophezeiung. Dadurch, dass viele Trader*innen an dem Tiefpunkt im Chartverlauf Geld in den entsprechenden Markt (in unserem Fall in den DAX) investieren, ist mehr Volumen am Markt vorhanden. Stellen Sie sich Volumen wie einen Wind vor, der in die Segel der Kurve bläst. Je mehr Wind vorhanden ist, desto schneller bewegt sich das Segelschiff vorwärts, das heißt in unserem Fall, desto stärker bewegt sich das Chart, ob in die eine oder in die andere Richtung.

Das Volumen ist also eine entscheidende Größe, die es bei der Analyse der Börsenkurse zu beachten gibt. Grundsätzlich gilt dabei: Wenn viele Akteure in einen Markt investieren und sich somit die Geldsumme am Markt, das Volumen, erhöht, erlebt der Markt Kursschwankungen. Ihre Aufgabe im Rahmen der technischen Analyse ist es nun, diese neuralgischen Punkte zu antizipieren, also vorherzusehen. Ebenso entscheidend ist es, die richtige Richtung vorauszusehen, also ob der Kurs infolge einer Erhöhung des Volumens eher steigen oder eher sinken wird.

In dem hier veranschaulichten Beispiel setzen die Trader*innen in großer Mehrzahl auf steigende Kurse, das Volumen erhöht sich und die Kurve verändert sich, in unserem Fall also nach oben. Allein die Annahme der meisten Trader*innen, dass die Kurse steigen, lässt die Kurve tatsächlich nach oben gehen. Wenn Sie dies erkennen und auf steigende Kurse setzen, haben Sie bereits Ihren ersten Gewinn erzielt.

Selbsterfüllende Prophezeiung

Die selbsterfüllende Prophezeiung ist einer der entscheidenden Gründe, warum die Chartanalyse funktioniert, weil die „großen" Player am Markt sie ebenfalls anwenden. Sie als Einzelperson sind logischerweise ein recht kleiner Akteur (Player) am Markt. Ihr Einfluss ist äußert gering und vermutlich ist es auch überhaupt nicht Ihr Ziel oder Ihr Anspruch, den Markt insgesamt zu beeinflussen oder gar seine Richtung zu ändern.

Ihr Ziel kann und muss zu Beginn Ihrer Börsenkarriere erst einmal sein, für sich selbst eine passende Anlage- und Investitionsstrategie zu finden und mithilfe dieser ausgewählten Strategie Gewinne zu erzielen. Doch bedenken Sie stets, dass Sie nicht allein auf dem Marktplatz sind, um die oft verwendete Metapher vom Markt einmal zu verbildlichen.

Sie befinden sich auf einem riesigen Marktplatz, auf dem Sie einen kleinen Stand gemietet haben, doch um Sie herum befinden sich, neben weiteren kleinen Büdchen, wie Sie eines besitzen, auch riesige, professionell aufgebaute Stände, die von absoluten Top-Profis betrieben werden. Dies sind die großen Akteure, die auf denselben Märkten investieren, wie Sie es tun: Investmentbanken, Fonds, Aktiengesellschaften, Versicherungen. Sie haben ein vielfach größeres Volumen zur Verfügung und können somit die Geschicke des Marktes wesentlich stärker beeinflussen, als Sie es als private*r Anleger*in tun können. Auch sind die großen Banken, Versicherungen und Investitionsgesellschaften untereinander vernetzt, haben also bessere Beziehungen und meistens enge Netzwerke, die unter Umständen sogar Absprachen ermöglichen, die Märkte in eine bestimmte Richtung zu drängen.

Sobald diese Player für Volumen am Markt sorgen, verändern sich die Kurse automatisch. Wir haben soeben gelernt, dass es Akteure auf dem Markt gibt, die mehr Macht und bessere Beziehungen haben als Sie. Doch das ist in unserem Fall nicht schlimm, im Gegenteil können Sie sich diesen Fakt sogar zunutze machen, indem Sie die Charts analysieren und erkennen, wann diese Akteure aller Voraussicht nach handeln und wie sie handeln. Denn diese großen Akteure setzen den Markt meist erst richtig in Gang. Wenn Sie deren Verhalten in der Vergangenheit lesen und deren Verhalten in der Zukunft antizipieren können, haben Sie viel gewonnen. Die zentrale Frage, die Sie sich vor den zu tätigenden Transaktionen stellen sollten, ist also: Wie agieren andere, größere Trader*innen? Der häufig sinnvolle Tipp, nicht nach den anderen zu schauen, sondern seine eigenen Ziele zu verfolgen, stimmt in diesem Fall also gerade nicht: Schauen Sie auf die anderen! An markanten Positionen im Chart sorgen sie meist für Veränderung, sie geben Volumen in den Markt und sorgen so für sinkende oder steigende Kurse. Markieren Sie sich die Tiefpunkte im Chart, üben Sie dies mit der Demonstrationssoftware Ihres Brokers oder sogar manuell mit Diagrammen, die Sie im Internet oder in Büchern finden können.

Hochpunkte

Dasselbe Prinzip, dass wir auf Tiefpunkte anwenden können, gilt auch für Hochpunkte. Sie sehen in der oben abgebildeten Grafik, mithilfe der eingezeichneten Widerstandslinie, dass der Kurs über sein dort gelegenes Hoch nicht hinausgeht. Der Kurs erfährt Widerstand, da die Anleger*innen nicht davon ausgehen, dass er weiter steigen wird. Der Kurs wird also ab dieser Stelle tendenziell sinken, allein dadurch, dass die meisten Anleger*innen glauben, dass er sinken wird.

An den Punkten zu Beginn der Kursaufzeichnung ist dieser Effekt schön zu erkennen, den Verlauf nach dem Hochpunkt, der in dieser Grafik das Ende der Darstellung ist, können wir nicht sehen, entweder ein Abwärtstrend setzt ein oder der Kurs hat in diesem Fall tatsächlich den Widerstand gebrochen. Auch dies ist nicht unmöglich. Warten Sie in so einem Fall am besten noch für einen kurzen Moment ab, ob der Kurs nach dem Durchbrechen der Widerstandslinie weiter steigt oder ob es sich lediglich um einen kurzen Ausreißer handelt und der Kurs danach wieder auf sein Normalmaß zurückkehrt. Analysieren Sie auf alle Fälle einige Charts, bevor Sie erstmals auf dem Markt agieren und echtes Geld einsetzen. Hoch- und Tiefpunkte sind die entscheidenden Anzeigepunkte in einem Chart. Konzentrieren Sie sich daher auf sie und zeichnen Sie sie in Ihre Kurve ein. Betrachten wir uns ein weiteres Chart.

Merke:

- An Tiefpunkten setzen die meisten Akteure an den Finanzmärkten auf steigende Kurse. Sie gehen davon aus, dass eine Kurve ohne einen ersichtlichen Grund nicht noch weiter sinken wird. Diesen psychologischen Effekt sollten Sie sich zunutze machen, denn er wirkt wie eine selbsterfüllende Prophezeiung.
- An Hochpunkten setzten die meisten Anleger*innen auf sinkende Kurse, es gilt der umgekehrte Effekt.
- Grundsätzlich kann es immer passieren, dass ein Kurs die Widerstandslinien durchbricht. Warten Sie ab, ob es sich dabei um ein temporäres Extremhoch oder Extremtief handelt. Eventuell kehrt der Kurs schnell wieder in den Normalbereich zurück und es ist nicht unbedingt sinnvoll, schnell zu traden.

BEISPIEL 2

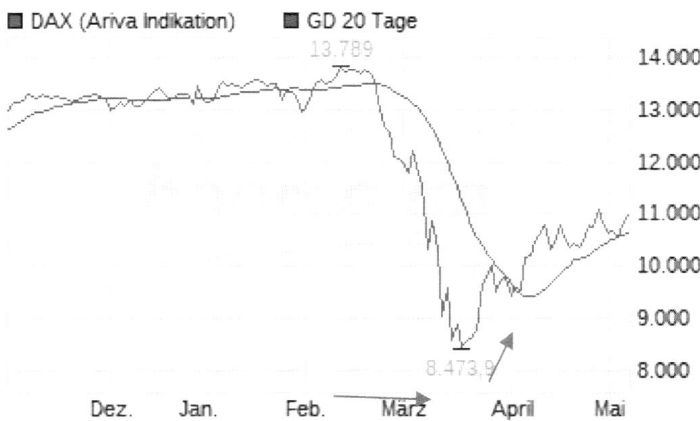

Abbildung 11 Verlaufskurve des DAX im ersten Halbjahr 2020

Quelle: https://www.boerse.de/historische-kurse/Dax/DE0008469008 (zuletzt geprüft am 24.10.2020).

Auch hier sehen Sie in der Markierung zunächst einen Tiefpunkt. Das Phänomen, welches dann folgt, haben Sie nun vermutlich durchschaut, die Preise sind niedrig, ein weiterer Abfall des Kurses scheint unwahrscheinlich, daher investieren vielen Akteure, die Kurve geht nach oben. Wie lässt sich der weitere Verlauf der Kurve interpretieren?

Die Trader*innen, die auf steigende Kurse spekuliert haben, haben dafür gesorgt, dass die Kurse tatsächlich steigen, sie haben also mit ihren Trades einen Gewinn erzielt. Nun steht die Kurve deutlich im Plus und steigt ziemlich stetig an. Auf diesem Level beginnen nun die Trader zu überlegen, sie haben einen gewissen Gewinn erzielt, auf ewig werden sie die Kurse nicht nach oben treiben können, also ist es relativ wahrscheinlich, dass viele Trader*innen in der nächsten Zeit ihre Positionen verkaufen werden. Die Trader*innen haben eine Long Position aufgebaut, die im Falle eines Gewinns sehr wahrscheinlich wieder verkauft wird.

Wenn viele Trader ihre Positionen aus dem Markt zurückziehen, wird der Kurs aber wieder sinken, weshalb es an den eingezeichneten Hochpunkt sinnvoll ist, auf sinkende Kurse zu setzen. Irgendwann ist der Kurs dann wieder so niedrig, dass viele Trader*innen erneut einsteigen und durch das Volumen die Kurve in die Höhe treiben, das Spiel beginnt von vorn. Diesen Trend können Sie bei der Chartanalyse ausmachen, Ihr zukünftiger Erfolg an der Börse hängt nun auch davon ab, wie gut Sie diese Bewegungen im Chart lesen können, wie gut Sie den Verlauf prognostizieren können.

Folgender Tipp hilft Ihnen bei der Orientierung im Chart. Oftmals sind es runde Beträge, bei denen die Trader*innen ein- oder aussteigen. Hunderter- oder vor allem auch Tausendermarken sind dabei sehr beliebt (zum Beispiel der DAX bei 11.000 Punkten), aber auch 11.200 oder 10.700 Punkte sind Marken, an denen sich oft etwas bewegt. Der Mensch kann runde und ganze Hunderterzahlen sehr gut einschätzen, er kann sich viel eher etwas darunter vorstellen, als unter krummen

Beträgen, daher ist es psychologisch gesehen völlig normal, dass das meiste Volumen in den Markt gepumpt wird, wenn die Kurve einen runden Hunderterwert erreicht. Beziehen Sie dieses Wissen bei Ihrer Planung ein, es hilft Ihnen, die *Turningpoints* (Wendepunkte) besser zu antizipieren.

Manche Kurven schwanken sehr stark, sich in Ihnen zu orientieren ist nicht besonders einfach, insbesondere, wenn man sie über einen längeren Zeitraum betrachtet. Gerade das ist zu Beginn aber angeraten, Sie sollten die Charts über einen möglichst großen Zeitraum analysieren, um die Trends und die neuralgischen Punkte am besten ablesen zu können. Um das Chart nicht allzu verwirrend werden zu lassen, zeichnen Sie sich eine bestimmte Zone ein, innerhalb der Sie handeln. Somit schließen Sie die extremen Hochs und Tiefs im Kurvenverlauf aus, diese sind ohnehin meist durch wirtschaftliche oder politische Entscheidungen und weniger durch Marktmechanismen bedingt. Schauen wir uns die folgende Abbildung also noch einmal unter dem eben genannten Aspekt an:

Wir sehen hier eine Verlaufskurve mit einer extremen Kursschwankung. Die Darstellung mit einem Kurvendiagramm ist in diesem Fall anschaulicher und intuitiver, im Programm Ihres Online-Brokers sollten Sie, wie bereits erwähnt, bei einem Kerzendiagramm bleiben.

Abbildung 12 Extreme Kursschwankungen (hohe Volatilität)

Bildquelle: https://www.gevestor.de/news/fed-rede-extreme-volatilitaet-an-den-maerkten-875285.html (zuletzt geprüft am 24.10.2020).

Sie sehen hier wieder zunächst die Zone, in welcher die Kurve Unterstützung erfahren hat (blaue Pfeile). Wenn die Kurse sinken, dann aber durch die Investition von Trader*innen wieder zum Steigen gebracht werden, spricht man wieder davon, dass sie *Unterstützung erfährt.* Wenn die Kurve steigt und dann wieder zum Sinken gebracht wird, sagt man wieder, sie *erfährt Widerstand.* Man nennt daher die Zone zwischen den Hoch- und Tiefpunkten auch *Support-and-Resistance-Zonen.*

Diese Zonen für sich selbst zu definieren, ist ein wichtiger Grundpfeiler der Chartanalyse, außerhalb dieser Zone hat es der Kurs nämlich sehr schwer, weiterhin zu schwanken. Die rote Linie oben sei die Widerstandslinie, die grüne untere die Unterstützungslinie. Wenn Sie also nun diese Linien im Chart gezogen haben, können Sie jederzeit sehen, wenn sich der Kurs diesen Extremgrenzen annähert. Hat der Kurs eine der beiden Linien erreicht, ist es sehr wahrscheinlich, dass sich der Kurs ab jetzt in die andere Richtung entwickelt. Ist die Linie jedoch erst einmal durchbrochen, also hat der Kurs die hohe Hürde über das Normalmaß hinaus genommen, ist es wiederum sehr wahrscheinlich, dass der Kurs diesen Trend hält (Forextotal.de, 2020).

Ab einem gewissen Punkt nimmt allerdings der Verkaufsdruck auf die Trader*innen wieder zu. Wenn der Kurs plötzlich auf einem ungeahnten Hochpunkt angelangt ist, steigen viele Trader*innen aus, da sie vermuten, der Kurs könne nun nicht mehr weiter nach oben gehen. Ab diesem Moment sinkt der Kurs wieder rapide, solange bis die Trader*innen wieder einsteigen.

Fazit

Merken Sie sich also folgende Prinzipien: Achten Sie auf die Hoch- und Tiefpunkte im Chart, die Ausschläge werden aufgrund der Darstellung als Kurvendiagramm auch als Kerzen bezeichnet. Definieren Sie eine Support-and-Resistance-Zone, innerhalb derer Sie sich bewegen. Handeln Sie vorausschauend und überlegen Sie, wann die meisten anderen Trader handeln. Durch Handlungen, das heißt durch Volumen, entstehen Trends. Lernen Sie, diese Trends aus dem Chartverlauf zu lesen.

BEISPIEL 3

Abbildung 13 Candlestick-Chart-Verlauf mit Unterstützungs- und Widerstandslinien
Bildquelle: youtube.com/watch?v=KLcHI3Ue9es (zuletzt geprüft am 07.11.2020).

Betrachten wir uns nun, nachdem wir zunächst anhand von Anschauungsbeispielen mit Liniendiagrammen gelernt haben, wie die technische Analyse grundsätzlich funktioniert, einmal ein Candlestick-Chart. Sie werden sehen, dass auch die Analyse eines solchen Charts kein Hexenwerk mehr ist, wenn Sie Ihr bereits erworbenes Wissen transferieren können.

Wir betrachten uns den Markt von Beginn an. Zunächst sind kaum Auffälligkeiten feststellbar, der Kursverlauf deutet mal nach oben und mal nach unten, grüne und rote Kerzen wechseln sich ab. Ich habe in diesem Fall aus Gründen der besseren Übersichtlichkeit grüne und rote anstatt weiße und schwarze Kerzen ausgewählt. Die Abbildung in Farbe finden Sie hier: https://t1p.de/9v2a. Sie können die Farbgebung bei den allermeisten Anbietern selbst bestimmen, können also genauso gut blau und gelb, grün und schwarz oder rot und weiß wählen. Grün steht in diesem Fall für steigende, rot für fallende Kurse. Grundsätzlich ist es zu empfehlen, den Markt erst einmal zu beobachten und nicht etwa direkt zu traden. Warten Sie erst einmal ab, wie sich die Kurse entwickeln, es ist noch früh am Morgen, der Handelstag hat gerade erst begonnen. Bei dem ersten Kreuz, das ich in der Grafik gesetzt habe, sehen Sie, dass der Kurs langsam einen Abwärtstrend einschlägt, dann stabilisiert er sich kurz, um im Anschluss abermals recht deutlich abzusinken. Wir sehen drei recht lange rote Kerzen in kurzer Zeit hintereinander. Trotzdem würde ich Ihnen empfehlen, an dieser Stelle erst einmal nichts zu tun und vorerst keinen Trade vorzunehmen.

Hinweis: Die folgende Analyse greift auf die Annahmen der Opening Range Break out-Strategie zurück. Im nächsten Abschnitt werde ich diese Theorie ausführlicher erläutern.

Schauen wir uns die Unterstützungslinie einmal an, die ich in Blau in das Chart eingezeichnet habe. Dreimal prallt der Kursverlauf innerhalb kürzester Zeit an diesem Widerstand ab, jedes Mal, wenn man das Gefühl hat, der Kurs will nach unten ausbrechen, erlebt er bei etwa 12.725 Punkten wieder einen kleinen Aufwärtstrend. Was sagt uns also diese Unterstützungslinie? Zunächst einmal können wir davon ausgehen, dass die Unterstützung stark ist.

Wenn diese also erst einmal durchbrochen ist, scheint es wahrscheinlich, dass die Kurse weiter sinken. Wir würden also davon ausgehen, dass der Verlauf tendenziell nach unten zeigt und dazu neigt, von sich aus immer weiter nach unten zu fallen. Nur die starke Unterstützung verhindert dies. Ist die Unterstützung einmal gebrochen, würde der Kurs also nach dieser Annahme erst einmal keine Unterstützung mehr erfahren und bis zu einem gewissen Punkt weiter sinken. In diesem Fall wäre eine *Short Order* angebracht, denn wir haben gelernt, dass *short gehen* bedeutet, auf sinkende Kurse zu spekulieren. Diese Annahme muss aber nicht zwingend zutreffen. Hier kommen wir zu einem kniffligen Punkt bei der Analyse von Charts: Es gibt nicht immer die absolute Wahrheit, manches ist interpretationsbedürftig. Es könnte genauso gut sein, dass der Kurs, nachdem er dreimal an derselben Unterstützungslinie abgeprallt ist, im Anschluss wieder steigt. Die Marktteilnehmer*innen haben gesehen, dass sich unser Kurs nicht so schnell unterkriegen lässt, was als positives Signal gewertet wurde.

Sie setzten auf steigende Kurse, das heißt, sie investierten gegebenenfalls Geld in den Markt, das Volumen erhöhte sich und die Verlaufskurve würde steil nach oben zeigen. Wir rufen uns in Erinnerung, dass das Verhalten der anderen Marktteilnehmer*innen für uns entscheidend ist. Wir warten also weiterhin ab. Trading bedeutet auch Geduld und Sitzfleisch, man muss unter Umständen in der Lage sein, eine unsichere Phase auszuhalten, ohne in Aktionismus zu verfallen. Bis zu dem Punkt, an dem ich das zweite rote Kreuz eingezeichnet habe, haben wir also nach wie vor nicht getradet.

Bewegen wir uns im Chart ein wenig weiter, kommen wir zu dem Punkt, an dem der Widerstand gebrochen ist, die ursprüngliche Linie wird unterschritten, das ist der Zeitpunkt, an dem der Trend relativ deutlich wird, denn er kehrt sich nicht direkt wieder um, wie wir an den roten Kerzen im Chart unschwer erkennen können. Der Kurs befindet sich nun also längerfristig unter der ursprünglichen Widerstandslinie und ist im Begriff, weiter zu fallen. An diesem Punkt sollten wir unsere Order setzen, der Widerstand ist gebrochen und plötzlich sind wir im Markt drin. Ab sofort sind wir auch nicht mehr nur Beobachterinnen und Beobachter, sondern wir sind aktive Teilnehmerinnen und Teilnehmer. Das heißt, wir sind daran interessiert, dass der Markt sich so entwickelt, wie wir es wollen, denn unser Ziel ist es nun, Geld mit dem Markt zu verdienen.

Seien Sie sich dessen bewusst – es ist ein Unterschied, ob wir einen Markt bloß beobachten oder ob wir aktiv in ihn involviert sind. Sie sollten auf alle Fälle konzentrierter und fokussierter sein, wenn Sie Teilnehmer sind, als wenn Sie Beobachterin sind. Natürlich fiebern Sie auch mit einem Markt mit, den Sie lediglich beobachten, schließlich wollen Sie wissen, ob Ihre Prognosen stimmen. Aber es hat für Sie keine persönlichen Konsequenzen, wenn sich der Markt anders entwickelt. Stellen Sie sich vor, Sie schauen ein Fußballspiel. Sie finden das Spiel spannend und halten klar zu einer Mannschaft. Dennoch wird es Ihnen weniger ausmachen, wenn diese Mannschaft verliert, als wenn Sie selbst in der Mannschaft spielen und auf dem Feld stehen. Als Zuschauer*in können Sie sich auch kurze Phasen der Unkonzentriertheit erlauben, die als Spieler*in jedoch fatal sein können. Legen Sie also auch mental den Schalter um und konzentrieren Sie sich ab sofort auf Ihren Markt.

Wir sehen, dass der Kurs im Folgenden zunächst eine neue Unterstützungslinie herausbildet. Es könnte also sein, dass der Kurs sich erholt, die Leute spekulieren auf steigende Kurse. Doch plötzlich sehen wir, der Kurs steht bei etwa 12.700 Punkten, eine riesige rote Kerze, also einen deutlich spürbaren Absturz des Kurses nach unten. Der Markt ist sich an dieser Stelle offensichtlich uneins, man ist sich nicht sicher, in welche Richtung er läuft. Diese Konstellation ist für uns als Marktteilnehmer*innen äußerst unerfreulich, denn in dieser Gemengelage kann man nur schwer Voraussagen treffen. Doch gehen wir noch einen kleinen Schritt zurück. Wie konnte es zu dieser Situation kommen?

- Der Kurs ist zunächst in die Nähe der Unterstützungslinie gelaufen.
- Einige Trader*innen spekulieren auf steigende Kurse.
- Andere Trader*innen beobachten den Range Break out lediglich.
- Wiederum andere gingen *short*, sie spekulierten auf sinkende Kurse. Dadurch entwickelte sich ein Verkaufsdruck, das Momentum zeigt nach unten.

Wir sehen hier also ein Ergebnis der verschiedenen Interpretationsmöglichkeiten ein und desselben Kurses. Es kommt dann vermehrt darauf an, was die Mehrheit der Traderinnen und Trader glaubt, wie sich der Kurs entwickelt. Wir haben es hier in der Tat mit einem recht komplizierten Chart zu tun, ich fühle mich aber durchaus in der Pflicht, auch einen solchen komplizierten Fall einmal anzusprechen und Ihnen aufzuzeigen, dass es nicht ausschließlich eindeutige Kurse gibt, sondern dass an manchen Stellen eine Mischung aus Geschick, guter Antizipationsgabe und einem Quäntchen Glück den Ausschlag geben kann.

Nach dem starken Abfall der Kurse, um auf unseren Chart zurückzukommen, wird vermehrt auf steigende Kurse spekuliert. Die ehemalige Unterstützungslinie ist nun zur Widerstandslinie geworden, denn ohne einen bestimmten Grund wird der Kurs erst einmal nicht so weit ansteigen, dass er über die ehemalige Unterstützungslinie hinausweist. Wir sehen auch, dass diese Linie sich als stabile Widerstandslinie erweist, denn der Kurs übertritt diese Linie im weiteren Tagesverlauf nicht mehr. Insgesamt sehen wir hier ein Beispiel für einen klassischen Abwärtstrend an einem Markt. Ich hoffe, ich konnte Ihnen gut verdeutlichen, welches die neuralgischen Punkte in diesem Chart sind, worauf sie achten müssen und vor allen Dingen, an welchen Stellen die Tücken in diesem Kursverlauf stecken.

Opening Range Break out

Die Opening Range Break out-Strategie (ORB) gilt als einer der absoluten Klassiker unter den Handelsstrategien. Wir betrachten uns den Hoch- sowie den Tiefpunkt innerhalb einer gewissen Uhrzeit, also auch innerhalb eines einzelnen Handelstages. An der Stelle des Ausbruchs aus dieser Zone wird dann getradet. Diese Theorie liegt der oben angesprochenen Handlungsempfehlung zugrunde, beim Brechen der Widerstandslinie den Trade zu setzen.

Nehmen wir an, wir betrachten uns die Verlaufskurve des DAX in einem Zeitintervall von 08:00 Uhr bis 09:00 Uhr. Wenn um 09:01 Uhr ein Hochpunkt gebrochen wird, also eine Widerstandslinie überschritten, gehen wir *long*. Wird eine Unterstützungslinie überschritten, also ein Tiefpunkt gebrochen, gehen wir *short*. Dieses Prinzip ist zunächst recht simpel und zählt zu den ältesten Theorien, die sich in der technischen Analyse anwenden lassen. Mittlerweile gibt es jedoch einige Anpassungen und Weiterentwicklungen der Theorie. Sehen wir uns zur Veranschaulichung erneut eine Grafik an:

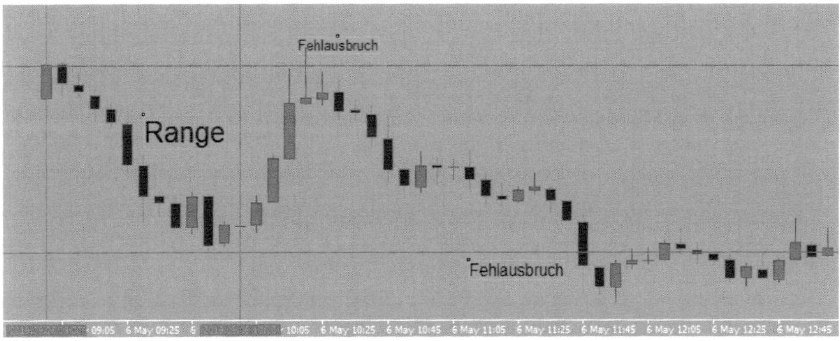

Abbildung 14 Opening Range Break out-Strategie an einer Grafik erklärt
Bildquelle: algo-camp.de/opening-range-breakout/#:~:text=Die%20Opening%20Range%20Breaktout-Stretegie,bis%2009%3A00%20Uh%20betrachtet. (zuletzt geprüft am 07.11.2020).

Wir sehen, eingezeichnet mit roten Linien, die Range, innerhalb derer sich der Kurs üblicherweise bewegt. Eingezeichnet sind aber ebenso Fehlausbrüche, das bedeutet, die Linien werden überschritten, aber der Trend als solcher kehrt nicht insgesamt um, nach einem kurzen Ausbruch fällt er wieder in die Range zurück. Ebendiese Fehlausbrüche können jedoch zum Problem werden, wenn man der klassischen ORB folgt. Schließlich würden wir dann direkt traden, wenn eine Linie durchbrochen ist, eventuell würden wir also bei Fehlausbrüchen Verluste erleiden. Daher gibt es heute einige Ergänzungen zur klassischen ORB, die auch auf hektische und volatile Märkte anwendbar sind.

• Wir betrachten eine Range nicht bloß für eine, sondern lieber für zwei Stunden. Also zum Beispiel von 08:00 Uhr bis 10:00 Uhr. So sehen wir mehr von dem Kurs und können ihn besser verstehen. Geduld ist also gefragt, bloß nichts überstürzen, bloß kein Aktionismus!

• Setzen Sie um die Range einen Abstand von fünf Punkten und traden Sie erst, wenn auch diese Marke vom Kurs gebrochen wurde. Damit vermeiden Sie, dass Fehlausbrüche zu Verlusten führen. Zwar kann es Ihnen dennoch passieren, dass Sie den weiteren Verlauf eines Kurses falsche einschätzen, allerdings haben Sie mithilfe dieser fünf Punkte eine relative Sicherheit eingebaut. Dass der Kurs Fehlausbrüche über oder unter diese Fünf-Punkte-Marke erlebt, kann als sehr unwahrscheinlich betrachtet werden.

• Setzen Sie bei einem Verlust mit erhöhtem Volumen auf einen Verlauf in die entgegengesetzte Richtung. Dies können Sie machen, wenn Sie genügend Startkapital haben, dass Sie verschmerzen können; denn: Sie gehen ein höheres Risiko damit ein, auch wenn die Erfahrung zeigt, dass Sie auf diese Art und Weise in der Regel gute Gewinne erzielen können. Wie gesagt: Es gibt keine Garantien (Algo-Camp.de, 2020).

Wichtige Begriffe der Chartanalyse auf den Punkt:

• Dow-Theorie
• Chartmuster
• Trendlinie
• Technischer Indikator

WIRTSCHAFTLICHE ZUSAMMENHÄNGE

An der Börse spielt die Psychologie eine nicht unerhebliche Rolle, dennoch sind die Börsenkurse keine Hirngespinste, sondern basieren im

Wesentlichen auf Wirtschaftsdaten und wirtschaftspolitischen Ereignissen. Sie sollten also grundlegende wirtschaftliche und politische Zusammenhänge verstehen, um deren Auswirkungen auf die Aktien- oder Devisenkurse zu verstehen. Die Börse ist ein Spiegelbild der Wirtschaft, so lautet eine alte Börsenweisheit. Schauen wir uns beispielsweise die Verlaufskurve des DAX an, so wird diese maßgeblich durch das Handeln der 30 DAX-Konzerne und von Impulsen aus der Wirtschaft, die diese betreffen, geleitet.

„Politik ist nur der Spielraum, den die Wirtschaft ihr lässt."

(Dieter Hildebrandt)

Vollziehen Sie unerwartete Ausbrüche von Kurven, die Sie anhand der technischen Analyse ausfindig gemacht haben, anhand von Wirtschaftsdaten oder politischen Meldungen nach. Die Recherche ist nicht besonders aufwendig, wenn Sie das entsprechende Datum, welches Sie interessiert, in eine Suchmaschine im Internet eingeben, werden Sie sehr wahrscheinlich sehr schnell zu der Nachricht gelangen, die Ihnen Aufschluss über die unerwarteten Kursschwankungen gibt.

Zum Beispiel könnte es sein, dass an einem Tag die Inflationsrate verkündet wird, sie ist niedriger als gedacht, was zu Impulsen bei den Banken und Notenbanken führt. Diese Impulse nehmen wiederum Einfluss auf den Kurvenverlauf, insbesondere im Devisenhandel. Vergleichen Sie die Impulse, die Sie aus Wirtschaft und Politik recherchiert haben, mit den Auswirkungen auf Ihr Chart. So können Sie feststellen, welche Arten von Meldungen sich auf die Börsenkurse auswirken und wie, das heißt, ob sie für fallende oder steigende Kurse sorgen.

Ein Beispiel kann die Wichtigkeit dieser Betrachtungen verdeutlichen. Es mag Ihnen vielleicht zunächst widersinnig vorkommen, dass man in einem Geschäft, welches von sekundenschnellen Entscheidungen lebt und sich im Grunde minütlich selbst überholt, auf die Historie einer Kursentwicklung achten sollte, dass man Ereignisse betrachten soll, die mehrere Jahre zurückliegen. Doch genau so handeln erfahrene Akteure, also die großen Player am Markt. Sie wissen genau, dass bestimmte Ereignisse langfristige Folgen auf Kursentwicklungen haben und somit noch Jahre später entscheidend sein können, um den Verlauf einer Kurve zu verstehen. Schauen wir uns daher folgenden Verlauf an. Die Kurve stellt den Verlauf des Forex-Marktes in Bezug auf die Währungen Euro und US-Dollar von 2016 bis Anfang 2020 dar.

Abbildung 15 Verlaufskurve des Wertes der Währung US-Dollar im Zeitraum von 2016 bis 2020

Bildquelle: https://www.boerse.de/historische-kurse/Euro-Dollar/EU0009652759 (zuletzt geprüft am 24.10.2020).

Tabelle 1 Veränderungen des US-Dollar-Kurses innerhalb des Jahres 2016

Monat	Erster	Hoch	Tief	Schluss	Veränderung
Januar	1,0860	1,0938	1,0757	1,0837	-0,21%
Februar	1,0837	1,1314	1,0837	1,0884	0,44%
März	1,0884	1,1380	1,0867	1,1380	4,56%
April	1,1380	1,1456	1,1234	1,1456	0,67%
Mai	1,1456	1,1527	1,1115	1,1130	-2,85%
Juni	1,1130	1,1424	1,1021	1,1104	-0,23%
Juli	1,1104	1,1174	1,0976	1,1174	0,63%
August	1,1174	1,1351	1,1086	1,1158	-0,14%
September	1,1158	1,1264	1,1148	1,1242	0,75%
Oktober	1,1242	1,1212	1,0882	1,0972	-2,40%
November	1,0972	1,1148	1,0553	1,0606	-3,34%
Dezember	1,0606	1,0759	1,0390	1,0517	-0,84%

Bildquelle: https://www.boerse.de/historische-kurse/Euro-Dollar/EU0009652759 (zuletzt geprüft am 24.10.2020)

Bei dieser Grafik erkennen Sie eine Zweiteilung am Markt. Zu Beginn liegt unsere Kurve stets unter der markierten Linie, die in etwa den Durchschnitt der Kurshöhe abbildet, danach liegt die Kurve monatelang darüber und liegt die wenigste Zeit tatsächlich unter dem Durchschnitt. Wir können am hier markierten Punkt also einen Wendepunkt, beziehungsweise einen sogenannten *Kipppunkt* sehen. Es handelt sich um den 09. November 2016, den Tag der US-Präsidentschaftswahl. Man sieht, dass zu Beginn des Tages der Markt unruhig ist, die Trader sind verhalten, schließlich wissen sie noch nicht, wie die Wahl ausgehen wird.

Dann wird das Ergebnis verkündet: Donald Trump ist der neue Präsident, Hillary Clinton hat verloren. Dieser Wahlausgang war von den wenigsten erwartet worden, der Kurs geht massiv nach unten. Doch dann kommen erste Impulse aus der Wirtschaft, Trump kündigt vor allem an, die US-Wirtschaft wieder zu stärken, Wachstum ist das erklärte Ziel. Das Momentum springt um, der Kurs geht plötzlich steil nach oben. Viele Trader*innen steigen *Long* ein, nachdem die bisher als Widerstandslinie markierte Marke von 1.300 Punkten im Index übersprungen ist, nimmt der Kurs weiterhin seinen Lauf und steigt rapide (Csizi, 2016).

Dies ist ein klassisches Beispiel für einen Zeitpunkt, an welchem der Markt unverhältnismäßig stark nach oben strebt. Das als *Momentum* beschriebene Phänomen ist wiederum nicht ausschließlich unter Marktlogischen Aspekten zu betrachten, hierbei spielt, wie wir bereits gelernt haben, die Psychologie eine große Rolle. Getrieben von einem allgemeinen Aufschwung steigen immer mehr Trader*innen in den Markt ein und fluten ihn regelrecht mit Volumen. Diese Flut kann, ähnlich wie eine reale Flutwelle, aber auch Gefahren in sich bergen, lassen Sie sich nicht von der berühmten Goldgräberstimmung anstecken, die gelegentlich auf den Märkten herrscht, bleiben Sie bei Ihrem analytischen Blick und bei den Methoden der Chartanalyse und der historischen, wirtschaftspolitischen Betrachtung. Versuchen Sie, die Kipppunkte zu deuten, aber versuchen Sie nicht, selbst eine Trendwende einzuleiten.

Ein nächstes großes, wirtschaftspolitisches Ereignis markiert den nächsten Wendepunkt in der Kurve, nämlich die Ankündigung der Europäischen Zentralbank (EZB), die sogenannte Zinswende zu verschieben. Das bedeutet, dass die EZB die Sparer*innen darauf vorbereitet hat, dass es auch in naher Zukunft keine Zinsen auf Einlagen und Sparbücher geben wird. Außerdem kündigte die EZB schwächere Konjunkturdaten in der Eurozone an als allgemein erwartet. Der Euro wird somit geschwächt, man braucht weniger US-Dollar, um einen Euro zu halten, die Kurse fallen und kommen interessanterweise kaum wieder nach oben. Solche Störfeuer aus Politik und Wirtschaft können jederzeit kommen, es ist wichtig, dass Sie diese verstehen und entsprechend darauf reagieren können (Mallien & Wiebe, 2019).

Um die Bedeutung politischer Entscheidungen und wirtschaftlicher Daten für die Börsenkurse noch weiter zu verdeutlichen, bleiben wir im Devisenhandel, der sich ohnehin bestens als Markt für Einsteiger eignet. Der Kurs von Euro und US-Dollar ist dabei ein beliebter Markt, schließlich sind es die zwei einflussreichsten Währungen der Welt, wenn auch nicht die stärksten Währungen. Doch ebendies spielt Ihnen in die Karten, beide Währungen sind immer auch politische Instrumente, sie reagieren auf politische und wirtschaftspolitische Ereignisse weltweit, da sie in den Welthandel stark eingebunden sind.

Der Kurs, der das Verhältnis von Euro zu US-Dollar abbildet, verändert sich also sehr regelmäßig. Anhand der Präsidentschaftswahl in den Vereinigten Staaten haben wir gesehen, wie sich Ereignisse langfristig auf Kursverläufe auswirken, nun schauen wir uns eine kurzfristige Veränderung an. Der Ölpreis ist ein entscheidender Inflationstreiber in den USA gewesen, er sinkt jedoch zu Beginn des Jahres 2020 rapide. Das heißt, Sie sollten sich am Dollarkurs *Long* orientieren. Wenn der Dollar geschwächt wird, würden wir in diesem Fall auf steigende Kurse spekulieren, schließlich brauchen wir mehr Dollars, um einen Euro zu erwerben. Dieses Verhältnis ist entscheidend, intuitiv würde man vielleicht das Gegenteil vermuten und würde auf sinkende Kurse spekulieren, wenn der Dollar schwächer wird. Doch das Gegenteil ist der Fall. Der US-Dollar wird nach wie vor als Währung in den Handelsbeziehungen benötigt, er gehört nach wie vor zu den großen Leitwährungen, in denen diverse Transaktionen abgewickelt werden. Das heißt, sie brauchen eine höhere Summe, eine höhere Anzahl an Dollar, was die Kurse zum Steigen bringt. *Steigende Dollarkurse, wenn der Dollar schwächer wird*, versuchen Sie sich diese Formel zu merken, wobei die Währung natürlich austauschbar ist, aber das Prinzip muss Ihnen klar werden, ansonsten machen Sie schwerwiegende Fehler am Forex-Markt.

Ein weiteres Beispiel dazu ist die gesamteuropäische Lohnentwicklung. Angenommen, die Löhne in Europa steigen stärker als erwartet, wir haben schließlich gelernt, dass starke Ausreißer im Kurs immer dann zu beobachten sind, wenn Erwartungen stark über- oder untertroffen werden. Wenn die Löhne in Europa nun steigen, steigt auch die Inflation, die Teuerung. Idealerweise steigen die Löhne mindestens im selben Maß oder sogar ein wenig stärker als die Inflation. Dies würde zu einem leichten Wohlstandszuwachs führen. In der Tat ist aber zu beobachten, dass die Inflation relativ stetig steigt, auch wenn die Löhne stagnieren; auf die Erhöhung der Löhne folgt aber sehr wahrscheinlich eine Teuerung. Dieser Effekt führt dazu, dass das Preisniveau in Europa steigt, die Produkte verteuern sich. Um die Teuerung abzufedern, muss die EZB die Zinsen erhöhen, dadurch wird der Euro als Währung insgesamt attraktiver und wird vermehrt von Trader*innen gekauft – der Wert des Euro am Devisenmarkt steigt.

Fazit

Börsen sind politisch. Man muss sich in der Wirtschaft und in der Wirtschaftspolitik auskennen, um fundierte Prognosen treffen zu können, da wirtschaftliche Kennzahlen und politische Entscheidungen die Börsenkurse beeinflussen. Verfolgen Sie daher die Nachrichtenlage, lesen Sie Berichte und Meldungen, informieren Sie sich über Ankündigungen, zum Beispiel von Konjunkturdaten oder von Wahlen. Nur so können Sie die extremen Bewegungen der Märkte richtig einschätzen und deren weiteren Verlauf antizipieren.

PSYCHOLOGIE

Seien Sie sich dessen stets bewusst, dass sich auf dem Börsenparkett vieles nur unter psychologischen Gesichtspunkten verstehen lässt. Nicht nur Wirtschaftswissenschaftler*innen oder gelernte Kaufleute blicken an der Börse durch, auch ein Psychologe oder eine Psychologin können Ihnen einiges über den Finanzmarkt erklären. Martin Weber lehrt an der Universität Mannheim und beschäftigt sich dort mit dem menschlichen Verhalten an der Börse. In einem Gespräch mit dem Manager Magazin erklärt er, wie sich die Menschen an der Börse oftmals verhalten.

Investor*innen seien oft von zwei wesentlichen Emotionen getrieben, die häufig zu Fehlverhalten führten: Angst und Gier. Diese starken Emotionen führten dazu, dass Anleger*innen sich oft nicht rational verhielten. Dies sei aber ein großer Fehler. Diesen Fehler sollten Sie möglichst nicht begehen, lassen Sie sich nicht irritieren, lassen Sie sich nicht von Ihren Emotionen treiben. Halten Sie es auch einmal aus, wenn Ihre Position oder gar mehrere Ihrer Positionen an Wert verlieren und kurzzeitig in den Bereich der roten Zahlen abdriften. Wenn Sie eine langfristige Anlagestrategie verfolgen, wird das immer wieder vorkommen, aber auch kurzzeitige Schwankungen können sich immer wieder ausgleichen. Geraten Sie deshalb nicht in Panik, über die Dauer Ihrer Tätigkeit an der Börse werden Sie sehr wahrscheinlich gewinnen, wenn es Ihnen gelingt, an den entscheidenden Stellen die Nerven zu behalten.

Die größte Schwäche, erklärt Weber, sei die Selbstüberschätzung. Insbesondere männliche Anleger würden dazu neigen, alles besser wissen zu wollen. Hier lässt sich also die Gier feststellen, die sich bei vielen Anlegern einstellt. Sie wollten immer mehr Gewinne erzielen und das in möglichst kurzer Zeit. Selbst, wenn alle notwendigen Daten und Fakten auf dem Tisch lägen, vermuteten sie, ein besonders gutes Gespür oder besonders viel Ahnung zu haben.

Dabei empfiehlt es sich grundsätzlich immer, sich an die Faktenlage zu halten. Dies ist die grundlegende Annahme sowohl der technischen als auch der Fundamentalanalyse, die ich Ihnen in einem kleinen Exkurs am Ende dieses Kapitels noch vorstellen werde. Überstürzt zu handeln, ist oft ein großer Fehler, den die Gier verursacht. An der Börse zu investieren, bedeutet auch Geduld und ein gutes Sitzfleisch! Nachhaltiger Erfolg stellt sich nicht von heute auf morgen ein. Kurzfristiger Erfolg kann sich schnell einstellen, doch er ist genauso schnell wieder verflogen. Daher bringt es in aller Regel nichts, wild zu spekulieren. Mit dem Hintergrundwissen der technischen Analyse sind Sie zwar nicht zu einhundert Prozent auf der sicheren Seite, aber Sie haben ein fundiertes Grundlagenwissen und einige wertvolle Instrumente an der Hand, um beim Investieren an der Börse bestehen zu können.

„Glück, ein klares Konzept – und ein paar simple Verhaltensregeln“ (Lange, 2015).

Glück und ein klares Konzept brauche es also laut Weber, um an der Börse erfolgreich zu sein. Machen Sie sich also frei von Furcht und Gier! Wenn es gut läuft, sollten Sie sich darüber freuen und nicht noch mehr Geld vor Augen haben. Nehmen Sie die Gewinne dankbar entgegen und ärgeren Sie sich nicht darüber, dass sie nicht noch höher ausgefallen sind. Haben Sie im Gegenzug aber auch keine zu große Angst vor Verlusten oder davor, Chancen zu verpassen, auf dem Markt ein- oder auszusteigen. Denn auch Angst treibt Sie zu unüberlegten Handlungen.

Gerade deswegen sollten Sie immer nur mit der Summe an Geld an die Börse gehen, die Sie nicht zum Leben brauchen. Natürlich ärgert man sich trotzdem, wenn man Geld verliert, ebenso wie beim Lottospielen oder bei Sportwetten, wo man selbstredend auch lieber gewinnt als verliert. Aber es ist nicht lebensbedrohlich, wenn man einmal einen Verlust erleidet oder einen Gewinn verpasst. Wenn Sie mit dieser Einstellung an die Sache herangehen, agieren Sie automatisch viel gelassener. Dennoch sollten Sie bestenfalls kein Lotto spielen, das Geld wäre an der Börse deutlich sinnvoller investiert, wie wir gleich zu Beginn bei der Widerlegung der Börsenmythen gelernt haben.

Überlegen Sie nicht im Nachhinein, welche Chancen Sie angeblich verpasst haben oder was Sie alles hätten tun können, um jetzt noch erfolgreicher dazustehen. Wer vor sechzig Jahren Coca-Cola-Aktien gekauft hätte oder vor fünfzehn Jahren Apple-Aktien, wäre heute Milliardär. Martin Weber rückt diese Gedankenspiele im angesprochenen Interview aber wieder gerade: „Vor 50, zehn oder acht Jahren hätte man auch zahllose Aktien von Unternehmen kaufen können, die heute pleite sind" (Lange, 2015). Denken Sie immer daran: Jeder Gewinn, so klein er auch sein mag, ist ein Erfolg!

„Ja, der Chart bildet die Psychologie ab und die Psychologie ist mächtig."

(Max Otte)

Otte empfiehlt, sich nicht allein auf die technische Analyse zu verlassen, sondern als Grundlage der Entscheidungsfindung (Investieren oder nicht und wenn ja, zu welchem Zeitpunkt) die Fundamentalanalyse zu verwenden. Im Gegensatz zur Chartanalyse geht es hier weniger um den genauen Zeitpunkt eines Ein- oder Ausstiegs in oder aus einem Markt, sondern vielmehr um die grundsätzliche Bewertung von Märkten und Unternehmen. Zwar arbeitet auch die Fundamentalanalyse mit Prognosen, geht dabei aber anders vor. In der Tat ist eine Kombination aus beiden Ansätzen zu empfehlen. Bevor Sie mit der technischen Analyse anfangen, sollten Sie die Methoden der Fundamentalanalyse kennen, denn mit ihrer Hilfe können Sie realistisch einschätzen, ob es sich lohnt, in einen Markt einzusteigen und dort zu investieren. Wenn Sie diese grundsätzliche Frage geklärt haben, können Sie sich mit dem Timing befassen und sich die Charts der jeweiligen Märkte anschauen, um den optimalen Zeitpunkt zum Investieren ausfindig zu machen. Oder anders gesagt: Die Chartanalyse baut auf der Fundamentalanalyse auf. Daher möchte ich Ihnen die Grundlagen der Fundamentalanalyse an dieser Stelle näher bringen.

FUNDAMENTALANALYSE

Um den Wert von Unternehmen, beziehungsweise den Wert der von ihnen herausgegebenen Aktien, bewerten zu können, gibt es verschiedene Instrumente. Eines davon ist die Fundamentalanalyse. Insbesondere, wenn Ihr Portfolio einen großen Aktienanteil enthalten soll, ist es ratsam, den Kurs dieser Aktien zu beobachten und zu bewerten. Die Fundamentalanalyse ist dabei nicht darauf ausgelegt, einen bestimmten Zeitpunkt für den Einstieg am Markt festzulegen. Dafür gibt es die Chartanalyse, die ich Ihnen an dieser Stelle jedoch nicht näher erläutern möchte, da sie grundsätzlich eher für Day-Trader*innen und kurzfristige Anlagen geeignet ist. Die Fundamentalanalyse dagegen ist das ideale Werkzeug, wenn Sie langfristig investieren möchten.

Wie funktioniert die Fundamentalanalyse?

Es handelt sich um eine spezielle Form der Finanzanalyse, bei der Unternehmensdaten und betriebswirtschaftliche Kennzahlen beobachtet, zusammengetragen und anschließend ausgewertet werden. Man spricht auch von Fundamentaldaten, daher auch der Name Fundamentalanalyse. Ziel dieser Auswertung ist es, den angemessenen Börsenkurs eines Wertpapiers in der Zukunft zu ermitteln, also das sogenannte Kursziel zu definieren. Oder vereinfacht ausgedrückt: Man möchte herausfinden, ob es sich lohnt, Aktien eines bestimmten Unternehmens zu kaufen oder nicht, ob die Zukunftsaussichten positiv oder negativ sind.

Welche Kennzahlen werden betrachtet?
Kurs-Gewinn-Verhältnis
Der derzeitige Kurs eines Wertpapiers wird durch den erwarteten Unternehmensgewinn geteilt. Daraus errechnet sich ein Mittelwert. Wertpapiere, meist Aktien, die unterhalb dieses Mittelwerts liegen, gelten als günstig. Aktien, die über dem Mittelwert liegen, gelten als teuer. Ziel ist es selbstverständlich, die günstigsten Aktien auszuwählen, also vermutlich die, bei denen sich eine Investition am meisten lohnt.
Kurs-Buchwert-Verhältnis
Der aktuelle Kurswert wird durch den Buchwert der Aktie geteilt. Der Buchwert wiederum ist das Eigenkapital einer Firma, dividiert durch die Anzahl der ausgegebenen Aktien. Diese Berechnung ist logisch nachvollziehbar, schließlich müsste eine Aktie, nimmt man das Herdenverhalten und die Stimmungen an der Börse aus der Gleichung heraus, exakt so viel Wert sein, wie der Anteil an dem entsprechenden Unternehmen, das die Aktie repräsentiert. Der faire Wert der Aktie sollte also ungefähr dem Buchwert entsprechen.
Eigenkapitalquote
Die Eigenkapitalquote ist das Eigenkapital eines Unternehmens im Verhältnis zum Gesamtkapital des Unternehmens. Man teilt erstere durch letztere und multipliziere das Ergebnis mit dem Faktor hundert. Anhand dieser Zahl können die Stabilität und die Unabhängigkeit eines Unternehmens bewertet werden. Je höher der Wert, desto stabiler das Unternehmen und je selbstständiger. Schließlich ist eine hohe Eigenkapitalquote ein Zeichen dafür, dass ein Unternehmen im Zweifel nicht stark von Fremdkapital abhängig ist.

Kritik

Auch die Fundamentalanalyse ist natürlich nicht perfekt, sie ist allerdings ein zuverlässiges Instrument, um Aktien und andere Wertpapiere zu bewerten. Häufigster Kritikpunkt ist, dass sie den sogenannten Noise, also das Getuschel, die Gerüchte und Stimmungen an der Börse, die oft zu Entscheidungen von Anleger*innen führen, missachtet, also zu streng analytisch vorgeht und die Irrationalität der Akteure missachtet. Für diesen menschlichen Faktor gibt es allerdings keine Berechnungsmethode, wie gesagt: absolute Wahrheiten gibt es an der Börse nie.

WAS WIR IN DIESEM KAPITEL GELERNT HABEN

- Die Psychologie spielt an der Börse eine nicht zu unterschätzende Rolle. Vermeiden Sie typische Fehler wie Gier oder die Überschätzung der eigenen Fähigkeiten. Haben Sie auf der Gegenseite aber auch keine Angst vor Verlusten, Angst ist ein schlechter Ratgeber.
- Gehen Sie gut vorbereitet an Ihr Investment heran und setzen Sie dabei kein Geld aufs Spiel, welches Sie dringend benötigen.
- Als Ergänzung zur technischen Analyse gibt es die Fundamentalanalyse. Wenn möglich, versuchen Sie beide Techniken miteinander zu kombinieren, um sich so breit wie möglich aufzustellen und Ihre Chancen auf Gewinne weiter zu erhöhen.

Methode: Candlestick-Charts analysieren

„Eine Kerze anzuzünden, ist besser,

als die Dunkelheit zu verwünschen."

(deutsches Sprichwort)

Nachdem ich nun bereits mehrfach darauf hingewiesen habe, dass für die technische Analyse zumeist Candlestick-Charts verwendet werden, möchte ich an dieser Stelle noch einmal näher erklären, wie man ein solches Chart am besten analysiert. In unserem Falle interessieren uns Finanzdiagramme, mit dem sich die Kursbewegungen von Wertpapieren, Derivaten oder Währungen darstellen lassen. Es präsentiert den Betrachtenden vier Informationen:

1. den Eröffnungskurs
2. den Schlusskurs
3. den Höchstkurs
4. den Tiefstkurs.

Diese Begriffe sind uns im bisherigen Verlauf des Buches immer wieder begegnet. Wir sehen, dass das Candlestick-Chart in der Lage ist, uns diese Informationen zu liefern. Nun müssen wir nur noch lernen, die Informationen aus dem Chart herauszulesen. Hierbei kann uns folgende Grafik helfen:

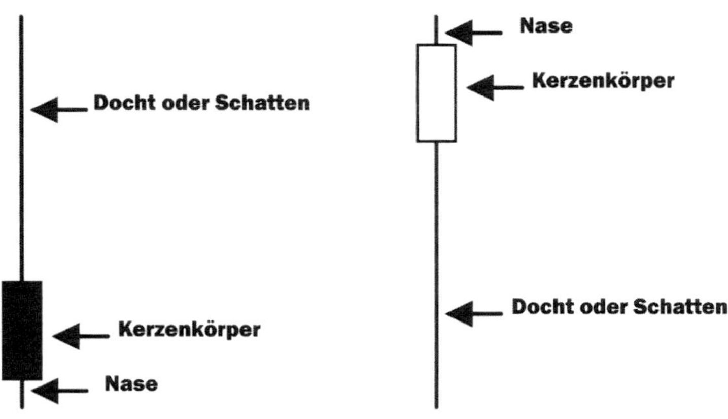

Abbildung 16 Candlestick-Charts richtig lesen (nach admiralmarkets.de/wissen/articles/forex-basics/alles-was-sie-ueber-candlesticks-wissen-muessen)

Die Standardeinstellung der meisten Programme stellt die Kerzen in Schwarz und Weiß dar. Sie können die Farbe aber nach Ihren Vorstellungen anpassen, falls Ihnen eine Darstellung mit roten und grünen Kerzen beispielsweise angenehmer vorkommt. In der hier verwendeten Darstellung steht die weiße Kerze für einen Kurs, der mit einem höheren Wert geschlossen wurde, als er eröffnete. Die schwarze Kerze ist durch einen nachlassenden Markt entstanden, wurde also zu einem niedrigeren Kurs geschlossen als eröffnet. Die schwarzen oder weißen Kästchen, die bei der grafischen Darstellung entstehen, nennt man Kerzenkörper. Die Kursbewegungen werden als Linien über- und unterhalb des Körpers dargestellt, sie heißen Docht oder manchmal auch Schatten. Ist der Docht ausgesprochen kurz, spricht man von einer Nase.

Wenn Sie ein Candlestick-Chart lesen können, verschafft Ihnen das einen Vorteil gegenüber anderen Marktteilnehmer*innen, die nicht über dieses Methodenwissen verfügen. Sie können das Momentum, die Richtung und die Stimmung des Marktes anhand des Charts erkennen. Die Kerze kann dabei als eine Art Maßeinheit für die Abstände zwischen Hoch- und Tiefpunkten verstanden werden. Sie füllt also den Zwischenbereich zwischen Widerstands- und Unterstützungslinie dar. Je größer die Kerze, desto stärker der Widerstand oder die Unterstützung.

Betrachten wir uns folgende Grafik:

Abbildung 17 Candlestick-Chart
Bildquelle: admiralmarkets.de/wissen/articles/forex-basics/alles-was-sie-ueber-candlesticks-wissen-muessen (zuletzt geprüft am 02.11.2020)

Das Fenster, welches wir auf der linken Seite der Abbildung erkennen können, ist das sogenannte Datenfenster. Die meisten Softwares wählen diese Darstellungsform. Im Datenfenster können wir alle entscheidenden Daten aus unserem Chart ablesen. Wichtig ist es vor allem, die folgenden drei Komponenten zu beachten:

1. die Größe sowie die Länge der gesamten Kerze
2. der Schatten und dessen Verhältnis zum Körper der Kerze
3. die Korrelation zwischen Eröffnungs- und Schlusskurs.

Größe und Länge der Kerzen

Kerzen, die zu einem niedrigen Kurs eröffnen und mit einem höheren Kurs schließen, sind alltäglich. Auch ist es häufig der Fall, dass Kerzen lang sind. Wenn diese beiden Umstände jedoch über einen längeren Zeitraum hinweg zusammen auftreten, spricht vieles für eine sich andeutende Trendumkehr. So deutet zum Beispiel ein langer Aufwärtstrend, auf den eine lange Kerze mit einem ebenfalls langen Docht folgt, eine Erschöpfung des Marktes an. Die Ressourcen dieses Marktes scheinen erschöpft, der Kurs wird daher in der nahen Zukunft aller Voraussicht nach sinken.

Schatten und dessen Verhältnis zum Körper

Der Docht oder auch Schatten steht für die Ablehnung des Marktes gegenüber der jeweiligen Unterstützungs- oder Widerstandslinie. Der Markt, das bedeutet auch der Kursverlauf, lehnt sich gegen die Annahme der Marktteilnehmer*innen auf, dass der Kurs nicht noch weiter steigen beziehungsweise fallen könne.

Ein langer Docht nach einem lang anhaltenden Auf- oder Abwärtstrend bedeutet, wie wir eben bereits gelernt haben, dass der Trend sich erschöpft hat. Je länger der Docht dabei ist, desto wichtiger, ist es, dessen Länge mit der Länge des Körpers zu vergleichen. An der Relation von Docht und Körper können Sie erkennen, wie stark der Kursumschwung ablaufen könnte. Eine Konstellation, bei der unsere Grafik optisch an eine Reiszwecke erinnert, gibt uns ein sehr starkes Signal zur Umkehr. Schauen wir uns die Konstellation einmal an:

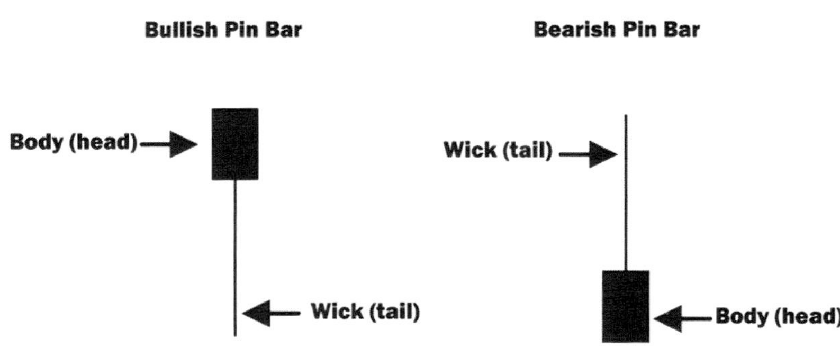

Abbildung 18 Verhältnis von Docht und Körper ergibt eine Reißzwecke (nach admiralmarkets.de/wissen/articles/forex-basics/alles-was-sie-ueber-candlesticks-wissen-muessen)

Bei einem Bullenmarkt zeigt ein langer Docht nach unten, der Kurs löst sich dabei von der Unterstützungslinie. Infolgedessen werden viele Marktteilnehmer*innen Positionen kaufen wollen. Im Falle eines Bärenmarktes zeigt der Docht nach oben, dies visualisiert den Abstoß des Kurses von der Widerstandslinie, bevor der Kurs schließlich dadurch fällt, dass viele Teilnehmer*innen ihre Positionen verkaufen möchten. Die stärksten Umkehrfunktionen zeigen uns einen Docht, der um ein Vielfaches länger ist als der Körper der Kerze (Admiralmarkets, 2020).

Korrelation zwischen Eröffnungs- und Schlusskurs

Eine farbige, in unserem Fall weiße Kerze symbolisiert, wie gesagt, einen steigenden Kurs, also einen Markt, der sich im Aufwind befindet. Fachleute sprechen in so einem Fall von einem Bullenmarkt (manchmal auch

„bulliger" Markt). Die Länge der Kerze bei einem Bullenmarkt gibt also an, wie stark der Kurs gestiegen ist. Bei fallenden Kursen ist der Körper der Kerze wiederum schwarz, man spricht in einem solchen Fall auch von einem Bärenmarkt oder einem bärigen Markt. Bulle und Bär stehen an der Börse immer für steigende und fallende Kurse. Der Stier wird hierbei als wild und tendenziell aufstrebend dargestellt, wohingegen dem Bären das Image anhaftet, ein wenig träge zu sein. Oftmals stehen vor den Börsengebäuden dieser Welt Skulpturen von einem Bullen und einem Bären, um genau das zu symbolisieren. Die Länge der Kerze auf einem Bärenmarkt zeigt uns also, wie stark ein Kurs nach unten gegangen ist.

Eine solch detaillierte und vor allem farblich differenzierte Darstellung ist mit einem Liniendiagramm nicht möglich. Dafür benötigen wir zwingend unser Candlestick-Chart.

An dieser Stelle möchte ich dieses kleine Kapitel schon wieder schließen, auch wenn wir uns sicherlich noch nicht erschöpfend mit dem Thema Interpretation von Candlestick-Charts befasst haben. Eine noch genauere Darstellung würde aber den Rahmen an dieser Stelle sprengen. Gern können Sie, was ich Ihnen ohnehin jederzeit ans Herz legen würde, auf eigene Faust weiter recherchieren und sich mithilfe von seriösen(!) Quellen weiterbilden.

Weitere Informationen zu diesem Thema können Sie unter anderem auf der Webseite von *Admiralmarkets* finden, dort sehen Sie eine äußert detailreiche und verständlich aufbereitete Beschreibung der Eigenschaften des Candlestick-Charts sowie zahlreiche Fallbeispiele. Üben Sie die Analyse von Kerzendiagrammen unbedingt mit der Software Ihres Brokers. Wie Sie sehen, ist es überaus entscheidend, die richtigen Techniken zu beherrschen, um beim Investieren an der Börse erfolgreich zu sein.

Chancen und Risiken der technischen Analyse

„An der Börse ist alles möglich. Auch das Gegenteil“

(André Kostolany)

Wir wissen also nun, wie die technische Analyse funktioniert und wir haben auch über die Chancen dieser Methode gesprochen, genauer gesagt, warum es sinnvoll ist, sie anzuwenden. Wo Chancen sind, das muss ehrlicherweise gesagt sein, sind zumeist auch Risiken. So ist es auch bei der technischen Analyse, auch diese Methode ist zweifelsfrei nicht perfekt oder unfehlbar. In diesem Kapitel werde ich also auch auf die Kritik an der technischen Analyse eingehen und die Chancen und Risiken systematisch gegenüberstellen. Machen Sie sich selbst ein Bild, wie Sie diese Informationen gewichten, der Vollständigkeit halber, sollten Sie dieses Kapitel aber auf alle Fälle lesen, selbst wenn Sie bereits für sich entschieden haben, die technische Analyse anwenden zu wollen.

CHANCEN

Wir haben bereits über die Chancen gesprochen, die Ihnen die technische Analyse bietet. Anstatt planlos und auf gut Glück zu investieren, bietet Ihnen die technische Analyse eine Vielzahl an Möglichkeiten, den Markt, auf dem Sie sich bewegen wollen, einzuschätzen. Wie ist der Kurs in der Vergangenheit verlaufen, wie wird er sich voraussichtlich in der nächsten Zeit verhalten? Welche Zukunftschancen und welche Risiken birgt dieser Markt? All diese Fragen können Sie mithilfe der Chart–

analyse beantworten. Außerdem können Sie so herausfinden, zu welchem Zeitpunkt es sich am ehesten lohnt, in den Markt einzusteigen, Sie definieren klare Linien, an denen Sie kaufen oder verkaufen möchten. Wenn Sie sich an diese Regeln halten, haben Sie ein klares Konzept, das letzten Endes Ihr Verlustrisiko bedeutend minimiert.

Flexibilität

Auch sind Sie dabei stets flexibel. Es gibt zwar festgelegte Trendlinien, die Ihnen das Chart vorgibt, was Sie jedoch damit machen, bleibt Ihnen überlassen. Übersteigt ein Kurs eine Trendlinie? Verkaufen Sie direkt oder warten Sie noch ein wenig ab (was grundsätzlich ratsamer wäre)? Wie lange warten Sie noch ab? Wie hoch ist Ihr Budget, was wollen Sie maximal investieren und wie breit wollen Sie Ihr Portfolio streuen? Wollen Sie in Währungen, das heißt am Devisenmarkt, investieren oder doch lieber ausschließlich in Aktien? Welchen Broker und welche Software wollen Sie wählen? All diese Entscheidungen obliegen allein Ihnen und sorgen dafür, dass Sie zwar auf der einen Seite ein striktes und eindeutiges Regelwerk haben, auf der anderen Seite aber auch genügend Freiheiten haben, sich individuell auszuleben.

Psychologie

Die Psychologie ist auf Ihrer Seite. Folgen Sie dem Mainstream, machen Sie die Trends mit, die Ihnen vom Markt und von deren Teilnehmer*innen vorgegeben werden. Es gibt mächtigere und größere Akteur*innen als Sie auf dem Markt, diese haben mehr Erfahrung, mehr Kapital und meistens finanzkräftige Institutionen wie Banken, Versicherungen oder Fonds hinter sich. Wenn Sie antizipieren können, was diese Akteur*innen machen, können Sie sich einfach von deren Handlungen leiten lassen. Sie müssen sich nicht selbst über die ausgefallensten Möglichkeiten den Kopf zerbrechen, der Markt wird von der Psychologie gelenkt, nutzen Sie dieses Wissen für sich aus.

Macht der Mehrheit

Die Mehrheit der Teilnehmer*innen an den Märkten setzt mittlerweile auf die Methoden der technischen Analyse. Die Mehrheit hat nicht immer recht, können Sie einwenden und Sie liegen damit natürlich völlig richtig. Natürlich hat die Mehrheit auch bereits falsche Entscheidungen getroffen, was wir an der Finanzkrise der Jahre 2008 und 2009 beispielhaft sehen können. Doch im Regelfall muss man sagen, dass es an der Börse niemals schaden kann, die Mehrheit auf der eigenen Seite zu haben. Denn: Wir haben bereits gelernt, dass an den Finanzmärkten selbsterfüllende Prophezeiungen oftmals eine Rolle spielen.

Die Mehrheit erzeugt Trends und the Trend is your Friend – es kann also im Normalfall nicht schaden, auf eine Technik zu setzen, der erfahrene Anleger*innen vertrauen und die von diesen angewandt wird. Tauschen Sie sich mit erfahrenen Anleger*innen aus, versuchen Sie, Kontakte zu knüpfen, diese sind wertvoll und können für Ihren Erfolg langfristig von großer Bedeutung sein. Fragen Sie nach deren Tipps und Kniffen, die meisten Anleger*innen werden Ihnen gern weiterhelfen. Schließlich sind die Märkte, auf denen wir uns bewegen, nicht unbedingt Nullsummenspiele (abgesehen vom Day-Trading). Das heißt, wenn Sie gewinnen, muss ein anderer Anleger oder eine andere Anlegerin nicht grundsätzlich verlieren, es können immer mehrere Teilnehmer*innen vom selben Kurs profitieren.

Gute Gewinnchancen

An der Börse spekulieren kann jede*r, solange nur eine gewisse Summe an Kapital vorhanden ist. Wahllos Geld auf Aktien zu setzen oder in einen ETF zu investieren, der dann jahrelang vor sich hin plätschert und im besten Fall ein paar Euro Gewinn pro Monat oder Jahr abwirft, ist eine

Möglichkeit, sein Geld anzulegen. Sicherlich ist die letztgenannte Variante auch die risikoärmste, mit ETFs machen Sie wahrscheinlich keine großen Verluste, aber auch keine großen Gewinne. Die technische Analyse eröffnet Ihnen Möglichkeiten, auch in risikoreichere Bereiche der Finanzmärkte vorzudringen und trotzdem kein überhöhtes Risiko einzugehen. Wenn Sie den Markt treffend analysieren und die richtigen Zeitpunkte ermitteln, ist selbst das an sich sehr risikoreiche Day-Trading eine Option für Sie. Denn Sie kennen nun den Markt, Sie können die Charts einsehen und können diese analysieren, Sie haben die passende Software Ihres Online-Brokers. Mit Glücksspiel oder Casino-Kapitalismus hat das nichts mehr zu tun, Sie haben eine fundierte Grundlage, auf deren Basis Sie Ihre Entscheidungen treffen.

RISIKEN

Natürlich bietet die technische Analyse nicht ausschließlich Chancen, sie ist auch mit gewissen Risiken behaftet. Ich wiederhole es noch einmal, auch auf die Gefahr hin, dass Sie es nicht mehr hören können: Es gibt an den Finanzmärkten keine absoluten Sicherheiten. Selbst, wenn Sie die Technik der Chartanalyse einwandfrei beherrschen, heißt das nicht automatisch, dass Sie auch Gewinn erzielen werden.

Sie wird oft auch als eine Mischung aus „Kunst und Erfahrung" beschrieben, was im Umkehrschluss bedeutet, dass es sich bei der technischen Analyse nicht um eine eindeutige Wissenschaft handelt, wie zum Beispiel die Mathematik eine ist. In der Mathematik ist eins plus eins in unserem Dezimalsystem immer zwei und minus und minus ergibt immer plus. Diese Eindeutigkeit ist auf dem Feld der Finanzmärkte nicht gegeben. Seien Sie sich also dessen bewusst – es kann Ihnen niemand Gewinne garantieren, Sie können jedoch Ihre Chancen auf Gewinne um ein Vielfaches erhöhen, wenn Sie die Techniken der technischen Analyse beherrschen.

Sie sind nicht allein auf dem Markt

Allerdings sollten Sie die Hürden des Einstiegs nicht unterschätzen. Der Markt ist heiß umkämpft, Sie treten gegen eine große Anzahl an Akteur*innen Akteuren an, die oftmals einen großen Erfahrungsschatz beim Börsenhandel vorweisen können und über einen fundierten Background verfügen. Je länger ein/e Trader*in an der Börse ist, desto besser seine oder ihre Kontakte und sein oder ihr Know-how. Es kann also sein, dass erfahrene Player über Informationen verfügen, an die Sie überhaupt nicht gelangen. Zudem beschäftigen große Banken und Konzerne oftmals eigene Trader*innen. Diese sind besser vernetzt und können somit deutlich schneller und effizienter handeln als Sie. Sie sind es auch, die die deutlich spürbaren Marktbewegungen in Gang setzen. Daher ist es wichtig, sich niemals gegen den Trend zu positionieren, schwimmen Sie mit dem Strom, denn Sie sind als Anfänger*in lediglich ein kleiner Fisch in einem Haifischbecken und bekanntlich sind kleine Fische im Strom deutlich stärker und haben eine größere Chance zu überleben, selbst wenn es von Haien nur so wimmelt.

Mehr als nur ein Hobby

Der Handel an der Börse ist kein einfaches Hobby und kein reiner Zeitvertreib, man kann nicht einfach „nebenher ein wenig investieren und traden" und darauf hoffen, dass Sie quasi im Vorbeilaufen Gewinne damit erwirtschaften können. Wenn Sie also bloß ein wenig mit Ihrem Kapital spielen möchten und dabei schnelles Geld verdienen wollen, sollten Sie die Finger von der Börse lassen und vielleicht tatsächlich lieber ins Casino oder in ein Wettbüro gehen. Auf diese Weise werden Sie sehr wahrscheinlich Verluste erleiden. Mit dem Börsenhandel müssen Sie sich intensiv beschäftigen und dürfen sich durch kurzfristige Verluste nicht aus der Bahn werfen lassen. Es ist vollkommen normal, dass Sie nicht immer gewinnen können, geben Sie also nicht auf, wenn Sie einmal

Geld verloren haben. Vermutlich werden Sie zu Beginn Ihrer Tätigkeit ohnehin im wahrsten Sinne des Wortes Lehrgeld bezahlen müssen. Ihr Kapital sollte also nicht zu niedrig sein und Sie sollten das Geld, welches Sie an der Börse für Ihre Transaktionen einsetzen, nicht an anderer Stelle dringend benötigen. Auch wenn Sie es nicht mehr hören können, kann ich nicht müde werden, es zu betonen:

Verwenden Sie keinesfalls Geld, welches Sie für Ihre laufenden Kredite, Ihre Miete oder Lebensmittel brauchen.

Suchtgefahr

Alle spekulativen Börsengeschäfte bergen eine Suchtgefahr, auch wenn es sich nicht um Glücksspiel handelt, werden im Falle eines Gewinns doch ähnliche Hormone ausgeschüttet. Verlieren Sie sich nicht in Ihren Transaktionen und hören Sie dringend auf zu spekulieren, sobald Ihr Kapital aufgebraucht ist. Dies ist ein klares Signal dafür, dass Sie vielleicht ein wenig zu viel spekuliert haben oder mit dem Druck, der beim Trading auf Ihnen lastet, nicht gut zurechtgekommen sind. Definieren Sie zu Beginn Ihrer Tätigkeit ein Budget, einen festen Kapitalstock. Wenn dieser aufgebraucht ist, ist Ihr Ausflug in die Welt der Finanzmärkte vorbei. Versuchen Sie es nicht weiter, investieren Sie nicht noch mehr Geld, nehmen Sie keine Kredite oder Ähnliches auf. Die Finanzmärkte sind nicht für jeden geeignet, gestehen Sie es sich ein, falls Sie für sich feststellen, dass Sie sich auf dieser Bühne nicht wohlfühlen.

Markteffizienzhypothese

Die Markteffizienzhypothese widerspricht sowohl dem Konzept der technischen Analyse als auch der Fundamentalanalyse. Anhänger*innen dieser Theorie kritisieren, dass man anhand vergangener Kursverläufe keine Rückschlüsse für die Zukunft ziehen könne, Prognosen seien also unseriös und, wenn sie denn eintreffen würden, sei dies dem Zufall geschuldet. Dies ist zunächst eine steile Behauptung, weshalb wir uns die Markteffizienzhypothese einmal anschauen wollen. Sie geht davon aus, dass die Finanzmärkte vollkommen effizient seien, das heißt, sämtliche Informationen abbildeten. Dazu zählten sowohl historische Kursverläufe als auch die Informationen der öffentlichen und privaten Akteur*innen an den Märkten. All diese Informationen stünden jederzeit zur Verfügung, durch das Internet könnten diese so schnell und so weitverbreitet werden, dass niemand sich einen Vorteil durch technische Analysen verschaffen könne.

Was mit Sicherheit richtig ist, ist die Annahme, wonach ein Kursverlauf nicht ausschließlich von technischen Faktoren beeinflusst wird, dass das Verhalten, das Wissen und auch die Vermutungen der Akteur*innen am Markt einen erheblichen Einfluss auf die Kursentwicklungen haben. Doch der Vorwurf, die Chartanalyse blende diese Aspekte aus, ist nicht ganz berechtigt. Schließlich sind auch vergangene Kurse von ebendiesem Anleger*innenverhalten geprägt.

Außerdem ist es unter Umständen nicht einmal entscheidend, wie ein Kursverlauf im Detail zustande gekommen ist. Dies zu verstehen, hilft zwar enorm, um seine Transaktionen bestens zu timen, doch gewisse Größen, wie zum Beispiel die Trendlinien, die Unterstützungs- und Widerstandslinien oder die technischen Indikatoren, sind nicht unbedingt abhängig von der Frage, wie sie zustande gekommen sind. Es reicht, sie zu kennen, sie zu definieren und sich nach ihnen zu richten.

Auch ist es sicherlich richtig, dass die technische Analyse heutzutage kein Insiderwissen mehr ist, sondern dass beinahe jeder Akteur oder jede Akteurin am Markt auf sie zurückgreifen kann. Doch je mehr Akteur*innen das Spiel mitspielen, je mehr von ihnen in die eine oder in die andere Richtung gehen, desto eher verwirklichen sich die Trends, desto wahrscheinlicher wird eine Kursentwicklung im Sinne einer selbsterfüllenden Prophezeiung. Es ist also nicht einmal schlecht, sondern kann sogar von Vorteil sein, wenn viele Marktteilnehmer*innen in dieselbe Richtung laufen. Mit dem Strom schwimmen ist in diesem Fall kein Zeichen von Schwäche, sondern vielmehr von Schwarmintelligenz.

Die Kritikpunkte der Markteffizienzhypothese an der technischen Analyse mögen in ihrem Kern nicht unbegründet sein, sind jedoch leicht zu widerlegen beziehungsweise stellen sich bei näherer Betrachtung nicht unbedingt als wirklich kritisch heraus.

Info: Markteffizienzhypothese

Die Markteffizienzhypothese oder auch kurz EMH (englisch: efficient market hypothesis) ist eine Theorie der Finanzwissenschaft. Preise von Wertpapieren, so die These, würden sämtliche vorhandenen Informationen widerspiegeln. Als Konsequenz müsste man somit formulieren: Kein Teilnehmer oder keine Teilnehmerin kann den Markt langfristig schlagen. Die EMH basiert zwar auf empirischen Untersuchungen, kann aber nur in Verbindung mit einem Risikomodell formuliert werden, für risikofreie Transaktionen funktioniert sie nicht. Auf den Annahmen der EMH basiert die passive Investitionsweise mit Indexfonds, den sogenannten ETFs (Bernau, 2014).

WAS WIR IN DIESEM KAPITEL GELERNT HABEN

- Die technische Analyse bietet auf der einen Seite viele Vorteile, sie ist aber auch mit Vorsicht zu genießen, da sie, wie beinahe alles in der Finanzwelt, mit Risiken verbunden ist.

- Seien Sie sich stets dessen bewusst, dass auch die technische Analyse Ihnen keine Zauberformel mit auf den Weg gibt. Es geht in erster Linie darum, Ihre Erfolgschancen realistischer einschätzen zu können und die bestmöglichen Voraussetzungen für ein erfolgreiches Investment zu schaffen.

Ausblick

„Die Weltkugel liegt vor ihm offen,

und wer nichts wagt, der darf nichts hoffen."

(Friedrich Schiller, Wallenstein)

Aller Anfang ist schwer, sagt der Volksmund. Doch das stimmt nicht immer. Ich hoffe, dass ich Ihnen in den vorausgegangenen Kapiteln aufzeigen konnte, dass der Einstieg in die technische Analyse gar nicht so kompliziert und die Börse gar nicht so undurchschaubar ist, wie Sie möglicherweise bisher angenommen hatten. Sie brauchen also keine Angst vor den Finanzmärkten zu haben, wenn Sie gut vorbereitet und mit einem kühlen Kopf an die Sache herangehen.

Ich habe Ihnen einige Tipps für Einsteiger*innen mit auf den Weg gegeben, um Ihnen eine bestimmte Richtung vorzuschlagen, die es zu Beginn der Investitionstätigkeit bestenfalls einzuschlagen gilt. Diese lautet: Mit einem Demonstrationskonto ohne den Einsatz von echtem Geld anfangen, nicht zu viel Kapital auf einmal investieren, langsam, aber stetig Gewinne einfahren, ohne die Nerven zu verlieren.

Diese Strategie, wie ich sie Ihnen ans Herz gelegt habe, ist eine etwas defensivere und sicherere Strategie im Vergleich zu zweifelsohne ebenfalls möglichen Risikogeschäften. Es ging mir darum, Ihnen zunächst zu vermitteln, wie Sie das vorhandene Risiko an der Börse so klein wie möglich halten. Dennoch möchte ich Ihnen nicht grundsätzlich davon abraten, risikoreichere Geschäfte auszuprobieren. Wenn Sie ein wenig Erfahrung gesammelt und das eine oder andere Chart erfolgreich analysiert haben, spricht nichts mehr dagegen, sich auch an Day-Trading oder einen anderen Markt als den relativ sicheren Forex-Markt zu wagen. Natürlich gibt eine Vielzahl dieser anderen, risikoreicheren Varianten. Ich habe sie in diesem Buch nicht in aller Ausführlichkeit erläutert, sondern lediglich dann und wann, der Vollständigkeit halber, erwähnt.

Das heißt nicht, dass Sie diese Varianten unter keinen Umständen ausprobieren sollten! Sie dürfen, über kurz oder lang, den Weg des kleinstmöglichen Risikos verlassen und dadurch eventuell höhere Gewinne erzielen, müssen dafür aber das Risiko höherer Verluste tragen.

Womit wir wieder beim Ausgangspunkt für dieses Buch angekommen wären: Börse kann Risiko und Zockerei bedeuten, muss es aber nicht zwangsläufig. Ich hoffe, dass ich auch dies an Sie vermitteln konnte, dass wir hier seriöse Methoden anwenden. Auch wenn die technische Analyse keine eindeutige Wissenschaft wie die Mathematik oder die Physik ist, hat sie klare Regeln, sie hat Konstanten und Faktoren und ist damit deutlich mehr, als manche behaupten, die sämtliche Charttechniken als Kaffeesatzleserei abtun.

Wenn Sie den Anfang, auch mithilfe dieses Buches, erfolgreich gemeistert haben, können Sie Ihre Aktivitäten weiter ausbauen. Sie können zum Beispiel ausländische Märkte in Angriff nehmen oder weniger bekannte, dafür Gewinn versprechende Positionen. Eröffnen Sie dazu ein passendes Konto bei dem Broker Ihres Vertrauens. Es sollte Ihnen bei einer eventuellen Erweiterung möglichst darum gehen, Ihre bereits vorhandene Strategie sinnvoll zu ergänzen. Es geht nicht darum, einfach nur mehr zu investieren, sondern darum, sinnvolle Schritte einzuleiten, um Ihre Gewinnchancen sukzessive zu erhöhen. Zu keinem Zeitpunkt würde ich Ihnen raten, den sicheren Hafen völlig zu verlassen und sämtliche erlernten Methoden zur Analyse über Bord zu werfen. Falls Sie ein Stück weit mehr ins Risiko gehen möchten, nehmen Sie die risikoreicheren Anlagen lediglich als Ergänzung Ihrer bisherigen Anlagen hinzu und ersetzen Sie Ihre bisherige Strategie nicht vollends durch Risikogeschäfte.

Mein Tipp lautet an dieser Stelle: Warten Sie mindestens fünf, besser zehn Jahre ab und schauen Sie sich in der Zwischenzeit an, wie sich Ihre „Karriere" als Investor oder Investorin entwickelt. Finden Sie für sich heraus, ob Sie die Geduld und die Ruhe für abwartendes, cleveres Investieren aufbringen können und ob die Welt der Finanzmärkte ein Terrain ist, auf dem Sie sich wohlfühlen. Erst, wenn Sie nach diesem Zeitraum für sich zu dem Entschluss kommen, weiterhin investieren zu wollen, können Sie Ihre Strategie erweitern, Sie haben dann die nötige Erfahrung, die Ihnen hilft, auch ohne das Einzeichnen von Linien und das detaillierte Analysieren einzelner Charts die richtigen Entscheidungen zu treffen. Sollten Sie dies tun, wünsche ich Ihnen natürlich ein glückliches Händchen und viel Erfolg bei diesem Unterfangen.

Ein paar Worte zum Schluss

„Mut steht am Anfang des Handelns, Glück am Ende."

(Demokrit)

Wie Sie vielleicht sehen konnten, handelt es sich bei der technischen Analyse, wie beim Börsenhandel ganz allgemein, um das Begreifen der Regeln eines weltweiten Spiels. Spielen Sie es mit, spielen Sie niemals Ihr eigenes Spiel, spielen Sie nicht gegen das System. „*The Trend Is Your Friend*" ist in diesem Fall kein abgedroschener Lehrsatz, sondern trifft den Nagel auf den Kopf. Spielen Sie einfach das Spiel der großen Player mit und versuchen Sie, von dem System zu profitieren.

Steigen Sie behutsam in die Welt der Börseninvestitionen ein, nutzen Sie zunächst die Demo-Software Ihres Brokers und analysieren Sie zu Übungszwecken einige Charts, bevor Sie echtes Geld an real existierenden Märkten setzen. Lernen Sie, politische Ereignisse zu verstehen und deren Wirkung auf die Finanzmärkte abzuschätzen. Lesen Sie die neuralgischen Punkte aus dem Chart heraus und antizipieren Sie den weiteren Verlauf der Kurven. Versuchen Sie vor allen Dingen zu erahnen, wie die anderen, großen Player agieren und gehen Sie in dieselbe Richtung.

Ich hoffe sehr, dass dieses Buch hilfreich war, um Ihnen die Systematik, die Chancen aber auch die Risiken der technischen Analyse näherzubringen. Ich hoffe auch, dass Sie sich nun besser vorbereitet fühlen, um ins Investitionsgeschäft einzusteigen oder, falls Sie schon länger am Finanzmarkt aktiv sein sollten, dass Sie eventuelle Fehler erkennen konnten und diese in Zukunft nicht mehr machen. Zum Abschluss des Buches bleibt mir also nicht mehr zu sagen als: Viel Erfolg und natürlich auch Glück bei Ihren Trades, ich wünsche Ihnen alles Beste und allzeit gute Geschäfte.

Ihr

Robert Andrew Wilson

Anhang

BUCHTIPPS

➢ Stefan Salomon (2019): „Das große Lehrbuch der Chartanalyse. Wie Sie Kauf- und Verkaufssignale erkennen. Mit Bleistift und Lineal zum Erfolg“. FBV, München.

➢ William Lakefield (2020): „Technische Analyse. Das 1 x 1 der Trading-Psychologie & Chartanalyse: Wie Sie mit den Optionsstrategien der Supererfolgreichen zum Profi an der Börse werden, intelligent investieren und Geld verdienen“. Independent Published.

➢ Nicolas Schmidlin (2013): „Unternehmensbewertung und Kennzahlenanalyse“. Vahlen, München.

➢ Kolja Barghoorn (2017): „Der rationale Kapitalist“. Create Space Independent Publishing.

➢ George S. Clason (2019): „Der reichste Mann von Babylon“. Goldmann, München.

TIPPS FÜR WEBSEITEN UND ONLINE-KANÄLE

➢ Finanzfluss

➢ Tradingdusche

➢ Testsieger-Konto.de

➢ Aktien mit Kopf

➢ Börse Stuttgart

➢ Christophs Aktienkurs

➢ Gabler Wirtschaftslexikon Online (gabler.wirtschaftslexikon.de)

➢ Admiralmarkets.de

Abbildungs- und Tabellenverzeichnis

Literaturverzeichnis

Admiralmarkets. (28. Mai 2020). *So lesen und verstehen Sie ein Candlestick Chart.* Abgerufen am 03. November 2020 von Admiralmarkets.de: admiralmarkets.de/wissen/articles/forex-basics/alles-was-sie-ueber-candlesticks-wissen-muessen

Algo-Camp.de. (07. Mai 2020). *Opening Range Breakout: Aber modern.* Abgerufen am 07. November 2020 von Algo-Camp.de: algo-camp.de/opening-range-breakout/#:~:text=Die%20Opening%20Range%20Breaktout-Stretegie,bis%2009%3A00%20Uh%20betrachtet

Bernau, P. (09. August 2014). *Der Markt weiß alles.* Abgerufen am 02. November 2020 von Faz.net: faz.net/aktuell/wirtschaft/wirtschaftswissen/die-weltverbesserer/eugene-fama-hat-die-hypothese-effizienter-maerkte-aufgestellt/13077461.html

Berwanger, J. (19. Februar 2018). *Gabler Wirtschaftslexikon.* Abgerufen am 03. Mai 2020 von Aktie: https://wirtschaftslexikon.gabler.de/definition/aktie-31763/version-255314

Böcking, H.-J. (15. Februar 2018). *Dividende.* Abgerufen am 08. Juli 2020 von Gabler Wirtschaftslexikon: https://wirtschaftslexikon.gabler.de/definition/dividende-33380/version-256906

Csizi, V. (20. November 2016). *Tagesspiegel.de.* Abgerufen am 07. Mai

2020 von Börsen-Boom nach Trumps Wahl: tagesspiegel.de/wirtschaft/aktien-boersen-boom-nach-trumps-wahl/14867948.html

FAZ.net. (2020). *FAZ.net Börsenlexikon. Trendlinie.* Abgerufen am 22. Juni 2020 von FAZ.net: boersenlexikon.faz.net/definition/trendlinie/

FAZ.net-Börsenlexikon. (2020). *Investmentfonds.* Abgerufen am 29. Juni 2020 von FAZ.net: boersenlexikon.faz.net/definition/investmentfonds/

Financial Conduct Authority. (21. April 2016). Abgerufen am 06. Mai 2020 von About the FCA: https://www.fca.org.uk/about/the-fca

forexbroker24.com. (2019). Abgerufen am 04. Mai 2020 von Wie finde ich einen seriösen Broker?: forexbroker24.com/binaerer-optionshandel/wie-finde-ich-einen-serioesen-broker/

Forextotal.de. (2020). Abgerufen am 07. Mai 2020 von Support & Resistance: forextotal.de/forex-tutorial/technische-analyse/support-and-resistance/#

Gall, S. (2017). *Dow-Theorie: Chartanalyse und ihre Anfänge.* Abgerufen am 27. Oktober 2020 von Testsieger-Konto.de: https://www.testsieger-konto.de/depotkonto/strategien/dow-theorie/

Gall, S. (2017). *Trendlinie: Kurstrends frühzeitig erkennen.* Abgerufen am 01. November 2020 von Testsieger-Konto.de: testsieger-konto.de/depotkonto/strategien/trendlinie

Gall, S. (2020). *Chartanalyse: Mit System zu mehr Rendite?* Abgerufen am 25. Oktober 2020 von Testsieger-Konto.de: testsieger-konto.de/depotkonten/strategien/chartanalyse

Gall, S. (2020). *Technische Indikatoren: Zukünftige Kursverläufe berechnen*. Abgerufen am 02. November 2020 von Testsieger-Konto.de: testsieger-konto.de/depotkonto/strategien/technische-indikatoren/

Geßner, F. (19. Februar 2018). *Gabler Wirtschaftslexikon*. Abgerufen am 03. Mai 2020 von Devisen: https://wirtschaftslexikon.gabler.de/definition/devisen-29714/version-253313

GKFX. (2019). Abgerufen am 06. Mai 2020 von GKFX Your Global Trading Partner: gkfx.de

Heldt, C. (19. Februar 2018). *Gabler Wirtschaftslexikon*. Abgerufen am 03. Mai 2020 von Broker: https://wirtschaftslexikon.gabler.de/definition/broker-27861/version-251503

Heldt, C. (19. Februar 2018). *Gabler Wirtschaftslexikon*. Abgerufen am 06. Mai 2020 von Depot: https://wirtschaftslexikon.gabler.de/definition/depot-31222/version-254784

Heldt, C. (19. Februar 2018). *Gabler Wirtschaftslexikon*. Abgerufen am 03. Mai 2020 von Derivate: https://wirtschaftslexikon.gabler.de/definition/derivate-31239/version-254801

IG.com. (2020). *Hebel (Definition)*. Abgerufen am 17. Juni 2020 von IG.com: ig.com/de/trading-glossar/hebel-definition

Kaufman, P. (2003). *A Short Course in Technical Trading*. Hoboken, New Jersey: John Wiley & Sons.

Lange, K. (31. Oktober 2015). *Aktienkurse gehorchen dem Zufall.* Abgerufen am 08. Juli 2020 von manager magazin: manager-magazin.de/finanzen/artikel/borse-und-psychologie-aktienkurse-gehorchen-dem-zufall-a-634006.html

Mallien, J., & Wiebe, F. (24. Januar 2019). *Handelsblatt.com.* Abgerufen am 07. Mai 2020 von EZB bereitet die Märkte auf eine Verschiebung der Zinswende vor: handelsblatt.com/finanzen/geldpolitik/ratssitzung-ezb-bereitet-die-maerkte-auf-eine-verschiebung-der-zinswende-vor/23904300.html?ticket=ST-6248045-YtV3zcTQDI

Peukert, H. (19. Februar 2018). *Transaktion.* Abgerufen am 29. Juni 2020 von Gabler Wirtschaftslexikon: https://wirtschaftslexikon.gabler.de/definition/transaktion-47344/version-270610

Pfitzer, N. (19. Februar 2018). *Kapital.* Abgerufen am 29. Juni 2020 von Gabler Wirtschaftslexikon: https://wirtschaftslexikon.gabler.de/definition/kapital-38061/version-261487

Wallstreet Online. (kein Datum). Abgerufen am 04. Mai 2020 von Mit einigen Tipps erfolgreich Daytrading lernen: wallstreet-online.de/ratgeber/finanzen-steuern-versicherung/anlagen-und-investitionen/wissenswertes-und-allgemeines/mit-einigen-tipps-erfolgreich-daytrading-lernen

Weitere Informationen über uns und unsere Kooperationen erhalten Sie auf unserer Autorenseite unter **„Empire of Books“** bei Amazon

Jetzt ganz einfach auf den Link klicken oder den QR-Code per Smartphone scannen. Alternativ können Sie den Link auch bei Ihrem Browser im Tab eingeben.

https://t1p.de/opk4

„Wir freuen uns auf Ihren Besuch“

Impressum

Vertreten durch: EoB – Empire of Books
Herausgeber: Malik & Mähleke GmbH
Kontakt: Malik & Mähleke GmbH / Stresemannstraße 84 / 22769 Hamburg
Coverfoto: Shutterstock

Haftungsausschluss:
Die Nutzung dieses E-Books und die Umsetzung der enthaltenen Informationen, Anleitungen und Strategien erfolgt auf eigenes Risiko. Der Autor kann für etwaige Schäden jeglicher Art aus keinem Rechtsgrund eine Haftung übernehmen. Haftungsansprüche gegen den Autor für Schäden materieller oder ideeller Art, die durch die Nutzung oder Nichtnutzung der Informationen bzw. durch die Nutzung fehlerhafter und/oder unvollständiger Informationen verursacht wurden, sind grundsätzlich ausgeschlossen. Rechts- und Schadenersatzansprüche sind daher ausgeschlossen. Dieses Werk wurde sorgfältig erarbeitet und niedergeschrieben. Der Autor übernimmt jedoch keinerlei Gewähr für die Aktualität, Vollständigkeit und Qualität der Informationen. Druckfehler und Falschinformationen können nicht vollständig ausgeschlossen werden. Es kann keine juristische Verantwortung sowie Haftung in irgendeiner Form für fehlerhafte Angaben vom Autor übernommen werden.

Auch die hier besprochenen Ideen, Meinungen, Kommentare und Texte zu Strategien, Aktien und anderen Produkten und Themen in diesem Buch, stellen keine Anlageberatung dar und sind daher auch keine Empfehlung zum Kauf bzw. zum Verkauf eines Wertpapiers, eines Terminkontraktes oder eines sonstigen Finanzinstrumentes. Die Wertentwicklung der Vergangenheit bietet keine Gewähr für künftige Ergebnisse. Die bereitgestellten Analysen, Vorschläge, Ideen, Meinungen, Kommentare und Texte sind ausschließlich zur Information bestimmt und können ein individuelles Beratungsgespräch nicht ersetzen. Alle Informationen dieses Buches entsprechen dem Kenntnisstand zum Zeitpunkt des Verfassens dieses Buches. Eine Haftung für mittelbare und unmittelbare Folgen aus den Informationen dieses Buches ist somit ausgeschlossen.
Informieren Sie sich weitläufig aus unterschiedlichen Quellen und bedenken Sie, dass am Ende nur Sie für die Kauf- oder Verkaufsentscheidung verantwortlich sind.